Nicola Fritze

MOTIVIER DICH SELBST

– sonst macht's ja keiner!

Für Julius Jonathan

Persönliche Widmung

INHALT

INHALT

»Suchst du eine helfende Hand, so schau zuerst am Ende deiner Arme!«

KONFUZIUS (UM 551-479 V. CHR.)

Was mich motiviert, dieses Buch zu schreiben

Kurz gesagt: Sie! Sie motivieren mich, dieses Buch zu schreiben! Denn offensichtlich interessiert Sie das Thema, deshalb halten Sie mein Buch ja schließlich in der Hand. Aber wie können ausgerechnet Sie mich motivieren? Ich kenne Sie ja (wahrscheinlich) noch nicht mal persönlich! Es ist wohl eher die Vorstellung in meinem Kopf. Ich male mir aus, wie Sie mein Buch lesen, und wie es Ihnen hilft. Also, um genau zu sein: Nicht Sie motivieren mich, sondern meine Vorstellung von Ihnen. Meine Motivation entsteht nur in meinem Kopf. Bedeutet das umgekehrt, dass meine Demotivation auch nur in meinem Kopf stattfindet? Wir werden noch dahinterkommen …

Lassen Sie mich noch ein wenig weiter ausholen zu dem Thema, was mich zu diesem Buch motiviert. Als ich 2006 meine ersten Podcasts produzierte, wussten noch die wenigsten, was ein Podcast überhaupt ist. Diese kostenlosen Hörsendungen im Internet sind mittlerweile sehr beliebt. Inzwischen wird zu fast jedem Thema ein Podcast angeboten. Auch in der Weiterbildung, speziell in der Persönlichkeitsentwicklung, gibt es heute ein breites Angebot. In diesem Bereich zählen meine beiden Podcasts »Das Abenteuer Motivation« und der »Fritze-Blitz«, mit über 30.000 Hörern zu den erfolgreichsten deutschsprachigen Podcasts. Einige meiner Hörerinnen und Hörer nennen mich »Die Motivationsfrau«. Das freut mich. Ich bekomme sehr viele E-Mails, in denen sich Menschen für die vielen nützlichen Tipps in meinen Podcasts bedanken. Sie schreiben, wie sie sich durch meine Podcasts besser motivieren können und wie sie ihr Leben positiv verändert haben. Diese Geschichten berühren mich sehr, und manchmal staune ich selbst, was meine Podcasts bewirken können. Dadurch kam in mir die Frage auf, was ich wohl mit einem ganzen Buch bewegen könnte. Und genau darum schreibe ich es nun: Weil ich mit diesen Seiten noch mehr Menschen erreichen möchte. Ich möchte so viele wie möglich einladen, meine leicht umsetzbaren und effektiven Tipps zur Selbstmotivation auszuprobieren.

Denn: Es liegt mir sehr am Herzen, dass Menschen das Leben leben, das sie leben wollen. Und genau dafür finden sie hier hilfreiche Impulse.

Da will noch jemand mitreden:

Na, das hast du ja wirklich sehr schön geschrieben. Aber glaubst du wirklich, dass es noch ein Buch zum Thema »Selbstmotivation« braucht? Es gibt doch schon soooo viele! Warum noch eins? Glaubst du, die Menschen wissen immer noch nicht, wie man sich motiviert?

FRITZE: Ach, das kann doch nur Frustikus sein!

FRUSTIKUS: Du hast es erraten!

FRITZE: Also ich denke, die Menschen wissen sogar ziemlich genau, wie sie sich motivieren können. Nur: Wissen allein genügt nicht. Man muss auch danach handeln!

FRUSTIKUS: Ja, ja … An der Umsetzung scheitern viele. Aber warum?

FRITZE: Dafür gibt es zahlreiche Gründe. Die Macht der Gewohnheit, die Angst vor Verantwortung, Bequemlichkeit, Ablenkungen, zu wenig Willenskraft, schwache Selbstdisziplin, fehlende Überzeugung … und auch du, lieber Frustikus, und deine Kollegen! Ihr habt so manche Tricks auf Lager, um Menschen von dem abzuhalten, was sie tun wollen.

FRUSTIKUS: Ja, das kann ich nicht leugnen. Wir meinen es aber immer nur gut!

FRITZE: Ich weiß. Das haben wir in meinem Buch *Raus aus der Grübelfalle!* ja auch intensiv diskutiert.

Hey, ihr! Können wir jetzt endlich mal loslegen? Genug geschwatzt! Los geht's!FRITZE: Aha, Motivian meldet sich zu Wort. Gut so!

MOTIVIAN: Ja, schließlich bin ich deine innere Stimme der Motivation und kümmere mich darum, dass du umsetzt, was du dir vorgenommen hast und gut drauf bist!

FRITZE: Ich bin sehr froh, dass ich auch deine Stimme in meinem Kopf habe. Bevor es losgeht, habe ich noch eine Frage an dich, lieber MOTIVIAN: Haben eigentlich alle Menschen so einen Kerl wie dich im Kopf?

MOTIVIAN: Na, klar! Einige meiner Kollegen fristen allerdings ein sehr trauriges Dasein. Sie sind klein und schwach, und ihre Stimmen sind so piepsig und leise, dass sie kaum noch gehört werden. Die haben es nicht leicht, die Menschen zu motivieren.

FRITZE: Wie kommt es, dass einige deiner Kollegen so verkümmert sind?

MOTIVIAN: Die Menschen schenken ihnen zu wenig Aufmerksamkeit und hören mehr auf andere innere Stimmen, wie zum Beispiel den Perfektionisten, den inneren Kritiker, das Gewohnheitstier oder den Jammerlappen. Deren Stimmen ertönen dann immer im Vordergrund und machen den Menschen und ihren Motivians das Leben schwer.

FRITZE: Wie kann es sein, dass die Stimmen von Frustikus, des inneren Kritikers, des Perfektionisten, des Jammerlappens und der anderen so laut werden?

MOTIVIAN: Naja, das ist eine lange Geschichte: Wenn ein Kind ganz klein ist, freuen sich die Eltern über alles, was es lernt. Sie sind völlig begeistert, wenn es zum ersten Mal einen Ball wirft, ein Bild malt oder mit der Gabel isst. Aber irgendwann kommt die Kritik: Dann ist vielleicht die Wurftechnik nicht mehr gut genug, das gemalte Haus erinnert die Kindergärt-

> Wir können die innere Stimme der Motivation durch mehr Achtsamkeit und Selbstwertgefühl aktivieren.

nerin an einen Halloween-Kürbis, und beim Essen verdreht Mama die Augen, wenn das Messer runterfällt. Dann werden in der Schule Rechtschreibfehler rot angestrichen und so weiter. Unsere Aufmerksamkeit wird auf das gelenkt, was wir falsch machen und nicht gut genug können. Wir sollen uns immer mehr anstrengen und mehr Mühe geben. So bekommen vor allem der innere Kritiker und der Perfektionist mehr und mehr Raum in unserem Kopf.

FRITZE: Wie können wir denn deine Kollegen wieder zum Leben erwecken, damit sie die Menschen wieder motivieren?

MOTIVIAN: Du Witzbold! Wie soll ich diese Frage jetzt in einem Satz beantworten? Deshalb schreiben wir doch dieses Buch!

FRITZE: Ich weiß. Aber wenn du diese Frage doch in einem Satz beantworten könntest, lieber Motivian. Was würdest du sagen?

MOTIVIAN: Mmmh. Wir können die innere Stimme der Motivation durch mehr Achtsamkeit und Selbstwertgefühl aktivieren.

Das Konzept der inneren Stimmen in Verbindung mit Selbstmotivation

Für unseren inneren Zustand sind nur wir verantwortlich. Deswegen sind wir auch für unsere Motivation allein verantwortlich, denn Motivation findet immer nur innen, also in unserem Kopf statt. Es geht darum, wie wir uns selbst innerlich organisieren: Wie nehmen wir eine Situation wahr und wie bewerten wir sie? Von unserer Wahrnehmung und Bewertung hängt unsere Motivation ab. Selbst einen sogenannten extrinsischen (d. h. äußeren) Motivationsfaktor, wie zum Beispiel unser Gehalt, bewerten wir in unserem Kopf, wodurch er zu einem intrinsischen (also innerlichen) Motivationsfaktor wird. Während ein verhältnismäßig bescheidenes Gehalt den einen Menschen motiviert, kann dasselbe Gehalt einen anderen Menschen demotivieren. Die innere Bewertung entscheidet über die Motivation.

Noch ein Beispiel: Ein Mensch erhält von seinem Arbeitgeber die Kündigung. Diese Situation kann er nun verschieden wahrnehmen und bewerten. Schauen wir uns die zwei Extrem-Positionen etwas genauer an:

~ Er nimmt die Situation als »Weltuntergang« wahr und sieht nur, was er alles verloren hat: Die netten Kollegen und Kunden, das gewohnte Gehalt und alles andere, woran er sich so schön gewöhnt hat und was ihm Sicherheit gab. Er bewertet die Situation also sehr negativ und wird wahrscheinlich demotiviert oder gar frustriert sein. Keine besonders gute Voraussetzung für die nächsten Bewerbungen.

~ Oder: Er nimmt die Situation als Chance wahr und überlegt, wie er das Beste daraus machen kann. Er denkt darüber nach, was er eigentlich für einen Job will und wo er seine Stärken bestmöglich einbringen könnte. Er nutzt die Situation, um sich neu zu definieren. Er bewertet die Situation also als Chance und ist motiviert, die Veränderung anzugehen. Eine gute Voraussetzung für die nächsten Bewerbungen.

Da Motivation nur in unserem Kopf g eschieht, ist das Konzept der inneren Stimmen – es wird auch als »Konzept der inneren Persönlichkeitsteile« bezeichnet – sehr nützlich. Die zentrale Frage lautet: Wie organisiere ich mein Innen(er)leben, um mich zu motivieren und in eine gute Stimmung zu versetzen? Schon lange erklären Forscher unsere komplizierte Psyche anhand unterschiedlicher Persönlichkeitsteile – nicht zu verwechseln mit dem Krankheitssymptom einer sogenannten multiplen Persönlichkeit. Sigmund Freud sprach schon 1923 in seiner Psychoanalyse von den drei seelischen Instanzen »Es«, »Ich« und »Über-Ich«. In den vergangenen Jahrzehnten haben Wissenschaftler die Vorstellung unterschiedlicher Persönlichkeitsteile verstärkt aufgegriffen. Zum Beispiel der Psychiater Eric Berne, der in seiner Transaktionsanalyse zwischen unterschiedlichen »Ich-Zuständen« unterscheidet, die Familientherapeutin Virginia Satir, von der die Methode »Parts Party« stammt, der Kommunikationsforscher Friedemann Schulz von Thun, der vom »inneren Team« spricht oder der Arzt und Therapeut Dr. Gunther Schmidt, der die »innere Familienkonferenz« erforscht. In meinem Buch RAUS AUS DER GRÜBELFALLE! erläutere ich das Konzept der inneren Stimmen ausführlich und gebe zahlreiche Beispiele anhand unterschiedlicher Dialoge.

Ist dieses Buch etwas für Sie?

Bei diesem Buch dürfen Sie mitmachen! Be-NUTZEN Sie es! Schreiben Sie rein, knicken Sie Eselsohren in die Seiten, unterstreichen Sie, malen Sie!

Am meisten bringt Ihnen dieses Buch, wenn Sie sich jede Woche eine Übung vornehmen. Denn so richten Sie Woche für Woche Ihre Aufmerksamkeit auf ein neues Thema, an dem Sie arbeiten können, um sich weiterzuentwickeln. Und damit Ihnen das optimal gelingt, finden Sie hinten im Buch kleine Merk-Zettel mit den konkreten Tipps zum Ausschneiden. Befestigen Sie jede Woche einen Zettel so, dass Sie ihn mehrmals täglich sehen – zum Beispiel am PC-Monitor, am Badezimmerspiegel, am Kühlschrank oder am Armaturenbrett Ihres Autos. Dann werden Sie immer wieder daran erinnert, worauf Sie diese Woche besonders achten wollen. Vielleicht wollen Sie den einen oder anderen Zettel auch an jemanden weitergeben.

Dieses Buch ist für Menschen,

~ die gerade wenig Motivation und Freude im Leben haben, die irgendwie feststecken und nach Wegen suchen, wieder mehr Motivation und Lebensfreude zu empfinden.

~ die wirklich bereit sind, die Initiative zu ergreifen und zu handeln, um ihre Motivation und Lebensfreude zu steigern.

~ die Verantwortung für ihr Leben übernehmen und es aktiv gestalten wollen.

~ die Zeit und Energie investieren wollen, um ihre Lebensqualität zu steigern.

~ Das Buch zeigt Ihnen einfache und effektive Möglichkeiten, wie Sie sich selbst motivieren können und begleitet Sie auf Ihrem Weg der Veränderung.

~ Sie haben Ihre Motivation buchstäblich in der Hand!

Bestandsaufnahme und Orientierung

Selbstreflexion ist eine wichtige Voraussetzung für Selbstmotivation. Wir nehmen uns allerdings leider selten Zeit, mal in aller Ruhe zu reflektieren. Wo stehen wir eigentlich? Wo wollen wir hin? Sind wir auf dem Holzweg, oder stimmt unser Weg mit der Richtung überein, in die wir wollen? Was haben wir alles in unserem Rucksack? Ist darin auch Ballast, von dem wir uns trennen können, um unseren Weg unbeschwerter und leichtfüßiger fortsetzen zu können?

Tun Sie sich etwas Gutes und nehmen Sie sich die Zeit, sich mit Ihrem aktuellen Standpunkt zu beschäftigen und sich das Ziel Ihrer Reise wieder etwas klarer zu machen. Also, spitzen Sie Ihren Bleistift und los geht's … Und ja, ich weiß, dass manch einer jetzt denkt: »Ach, nöö … auch noch alles aufschreiben … das muss ich ja nun nicht …«. Sie haben recht! Das müssen Sie nicht. Nur – wenn Sie für sich den maximalen Nutzen aus diesem Buch ziehen wollen, dann werden Sie gerne Ihre Gedanken aufschreiben. Und wenn Sie dieses Buch mit all Ihren Notizen nach ein paar Monaten oder Jahren wieder mal zur Hand nehmen, wird sehr interessant zu lesen sein, was Sie damals so geschrieben haben. Das ist so spannend wie ein Tagebuch aus jungen Jahren!

Läuft alles rund?

Checken Sie Ihre verschiedenen Lebensbereiche und sorgen Sie dafür, dass Ihr Lebensrad rund läuft!

Wir haben in unserem Leben viele verschiedene Aufgaben. Es ist, als jonglierte man viele Bälle und müsste immer schön aufpassen, damit keiner runterfällt. Können Sie jonglieren? Nein? Aber Fahrrad fahren können Sie ziemlich sicher. Dann hatten Sie bestimmt auch schon mal einen Platten: Luft raus und schieben. Uff! Während wir den Reifen flicken, entdecken wir manchmal, dass wir eine Acht in der Felge haben. Und jetzt wird uns auch klar, warum wir in letzter Zeit nur schwer vorankamen, obwohl wir immer fest in die Pedale getreten haben. Es war irgendwie mühsam und hat mehr Energie gekostet als sonst. So eine Acht ist fies.

Das Leben ist wie Fahrrad fahren – und manchmal haben wir einen Platten. Die Luft ist raus, und wir schieben uns schwerfällig voran. Dann müssen wir unser Lebensrad wieder fit machen und entdecken dabei, dass es eine Acht hat und gar nicht rund läuft.

Finden Sie heraus, ob Ihr Lebensrad rund läuft! Nehmen Sie sich etwa zehn Minuten Zeit. Weiter unten finden Sie das Lebensrad mit seinen 20 Speichen. Die stehen für Ihre verschiedenen Lebensbereiche. Nun bewerten Sie jeden Bereich wie folgt: Läuft er zu 100 Prozent rund, markieren Sie auf der Speiche einen Punkt auf der Höhe des äußersten Kreises. Läuft der Bereich so lala, sagen wir mal zu 50 Prozent rund, zeichnen Sie auf dieser Speiche einen Punkt auf der Höhe des mittleren Kreises. Ist ein Lebensbereich komplett verbogen also null Prozent rund, dann setzen Sie bei dieser Speiche einen Punkt in der Nabe des Rades, im Zentrum. Sie bewerten Ihre Lebensbereiche natürlich differenzierter als nur mit null Prozent, 50 Prozent oder 100 Prozent. Setzen Sie Ihre Punkte genau dorthin, wohin sie gehören. Je näher am Zentrum des Rades ein Punkt liegt, desto weniger rund läuft es in diesem Lebensbereich. Je weiter außen Sie den Punkt setzen, desto runder läuft es bei Ihnen.

Wenn Sie alle Lebensbereiche bewertet haben, verbinden Sie die Punkte miteinander. Nun erkennen Sie auf einen Blick, wo Ihr Rad nicht rund läuft – und Erkenntnis ist ja bekanntlich der erste Schritt zur Besserung.

Damit sich schnell etwas verbessern kann, beantworten Sie bitte folgende Fragen:
Welche drei Lebensbereiche brauchen Ihre Aufmerksamkeit am dringendsten?

Aussehen, Finanzen, Partner

Was konkret können Sie in diesen drei Bereichen jeweils tun, damit es Ihnen wieder besser geht?

Abnehmen, Bildung, Job, Sparen, Gemeinsamkeiten

Was wäre der erste kleine Schritt, den Sie ohne großen Aufwand schaffen könnten? Was genau brauchen Sie? Was täte Ihnen gut?

Welche Auswirkungen hätte dieser kleine Schritt auf Ihre anderen Lebensbereiche?

Wie sähe ein etwas größerer Schritt aus, mit dem es in diesem Lebensbereich wieder runder liefe? Was genau brauchen Sie? Was täte Ihnen gut?

Welche Auswirkungen hätte dieser größere Schritt auf Ihre anderen Lebensbereiche?

Planen Sie: Wann konkret werden Sie die Schritte gehen?

Woran würden Sie zuerst erkennen, dass dieser Lebensbereich wieder runder läuft?

Welche Auswirkungen hätte das auf Ihre anderen Lebensbereiche?

FRUSTIKUS: Das soll jetzt das große Wunder bringen? Glaubst du wirklich, dass das so einfach ist?

MOTIVIAN: Ja, manchmal geht es ganz einfach, sein Lebensrad zu reparieren. Stell dir zum Beispiel vor, es läuft beim äußeren Erscheinungsbild nur zu 60 Prozent rund. Wir fühlen uns nicht wohl in unserer Haut. Da kann ein Gang zum Friseur schon

Wunder wirken. Die Bikini-Figur braucht natürlich etwas mehr Zeit.

FRUSTIKUS: Klar, mal eben zum Friseur gehen, ist keine große Sache. Aber was ist, wenn wir beim Wohnumfeld nur 40 Prozent haben? Sollen wir deshalb gleich eine neue Wohnung suchen? Die müssen wir uns doch auch erst mal leisten können!

MOTIVIAN: Es muss ja nicht gleich eine neue Wohnung sein! Ein Frühjahrsputz, ein bisschen Entrümpeln oder Umstellen, ein neues Regal mit mehr Platz drin kann hier schnell zur Besserung führen.

FRUSTIKUS: Na gut. Aber du musst zugeben: Manche Reparaturen sind aufwendig und teuer. Was ist zum Beispiel, wenn die »berufliche Weiterentwicklung und Fortbildung« nur zu 20 Prozent rund laufen?

MOTIVIAN: Ja, das stimmt. Manches ist deutlich aufwendiger. Bei diesem Beispiel müssten wir überlegen, in welchem Bereich wir uns gerne fortbilden möchten, und wir würden uns Angebote einholen. Wir sollten dann auch mit dem Chef oder der Chefin darüber sprechen und vielleicht sogar darüber verhandeln, ob uns die Firma die Fortbildung bezahlt. Und für manche Reparaturen am Lebensrad müssen wir unser Verhalten ändern und genau das immer wieder üben. Wenn das Rad etwa bei »Entspannung« oder »Zeit für mich« nur zu 15 Prozent rund läuft, dann können wir lernen, öfter auch mal NEIN zu sagen und uns aktiv Freiräume zu schaffen. Oder wenn wir bei »Partnerschaft« nur 30 Prozent eintragen, sollten wir uns mit unserem Partner zusammensetzen und überlegen, wie wieder mehr Leben und Freude in unsere Beziehung kommt.

FRUSTIKUS: Ganz schön viel Arbeit.

MOTIVIAN: Ja, aber eine wichtige und wertvolle Arbeit.

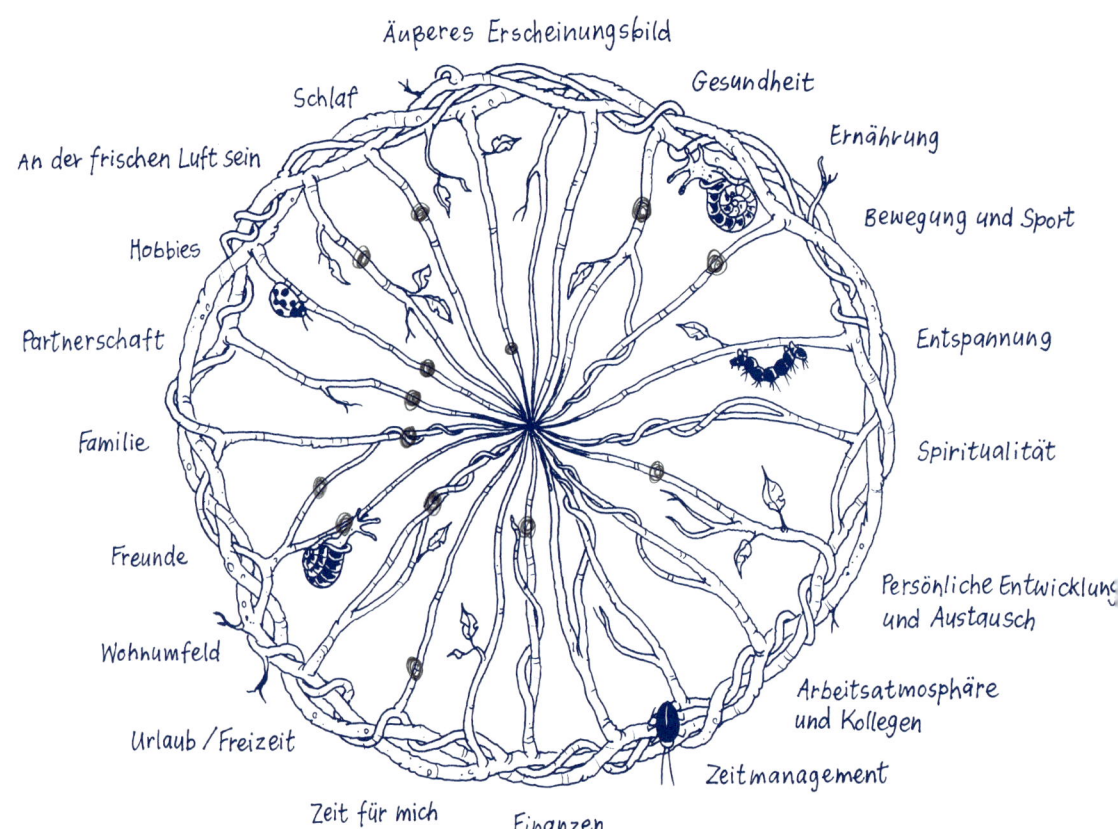

Äußeres Erscheinungsbild
Gesundheit
Schlaf
Ernährung
An der frischen Luft sein
Bewegung und Sport
Hobbies
Partnerschaft
Entspannung
Familie
Spiritualität
Freunde
Persönliche Entwicklung und Austausch
Wohnumfeld
Arbeitsatmosphäre und Kollegen
Urlaub / Freizeit
Zeitmanagement
Zeit für mich
Finanzen

Reparieren Sie Ihr Lebensrad, bevor Ihnen vollends die Luft ausgeht und Sie auf der Strecke bleiben! Meine Empfehlung: Zeichnen Sie ein Mal im Quartal Ihr Lebensrad, gerne auch zusammen mit Ihrer Partnerin oder Ihrem Partner. Und am besten nehmen Sie dazu ein schönes Notizbuch und heben sich alle Räder dort drinnen auf. Schreiben Sie immer dazu, welche Reparaturmaßnahmen Sie planen. Dann können Sie später überprüfen, ob Sie sich auch daran gehalten haben.

Leben Sie nach Ihren Werten?

Unsere Werte geben unseren Handlungen ein Motiv, sie treiben uns an. Egal, was wir tun, es steht immer ein bewusstes oder unbewusstes Motiv dahinter. Wenn wir unzufrieden sind, liegt es oft daran, dass wir nicht nach unseren Werten leben. Oder wir leben nach den falschen Werten. Zum Beispiel meinen manche Menschen, Geld sei ihnen sehr wichtig. Dabei sind ihnen andere Werte, wie zum Beispiel Selbstverwirklichung, eigentlich wichtiger – Sie haben sie nur aus den Augen verloren.

Stellen Sie sich folgende Fragen, wenn Sie eine dauerhafte Unzufriedenheit spüren:

Was macht mich wirklich glücklich?

Welche Werte haben in meinem Leben Priorität?

Inwiefern lebe ich nach meinen Werten?

Beispiele für Werte: Gesundheit, Liebe, Freundschaft, Freiheit, Selbstverwirklichung, Selbstbestimmtheit, Wertschätzung, persönliche Weiterentwicklung, Unabhängigkeit, Freizeit, Ehrlichkeit, Glaubwürdigkeit, Integrität, Vertrauen, Verantwortung, Aufrichtigkeit, Verlässlichkeit, Respekt, Friede, Solidarität, Fairness, Mut, Loyalität, Geld, Prestige, Schönheit, Luxus, Ansehen, Ruhm und Ehre.
Finden Sie heraus, welchen Werte Ihnen wirklich wichtig sind!

Meine persönliche Werte-Hierarchie

Lebensbereich (privat oder beruflich): _____

Datum: _____

Werte	A	B	C	D	E	F	G	H	I	Gesamt	Rang
A											
B											
C											
D											
E											
F											
G											
H											
I											

Anleitung:

So geht's konkret: Starten Sie mit dem ersten hellen Feld in der ersten freien Spalte neben Wert B. Welcher Wert ist Ihnen wichtiger – Wert A oder Wert B? Dabei hilft ein kleines Gedankenspiel: Wenn es eine Welt gäbe, in der es **ausschließlich** Wert A gäbe, aber nicht einen Funken von Wert B: Würden Sie in dieser Welt leben wollen? Und andersherum: Wenn es eine Welt gäbe, in der es **ausschließlich** Wert B gäbe, und keinen Funken von Wert A, würden Sie dann eher dort leben wollen? Auf welchen Wert könnten Sie notfalls verzichten?

»Du weißt nicht mehr, wie Blumen duften,
kennst nur die Arbeit und das Schuften.
So geh'n sie hin die schönen Jahre,
auf einmal liegst Du auf der Bahre.
Und hinter Dir, da grinst der Tod
Kaputtgerackert … Vollidiot.«

JOACHIM RINGELNATZ (1883-1934)

Tragen Sie den entsprechenden Buchstaben ein. Und weiter geht's: Vergleichen Sie in derselben Spalte nacheinander Wert A mit den Werten C, D, E und so fort. Dann sind die hellen Felder in der zweiten freien Spalte dran. Hier vergleichen Sie Wert B mit Wert C, D, E und so fort. Machen Sie weiter bis in jedem hellen Feld ein Buchstabe steht. Wenn Sie fertig sind, zählen Sie die Buchstaben und tragen Sie das Ergebnis in die Spalte »Gesamt« ein. Je öfter Sie einen Buchstaben finden, desto wichtiger ist Ihnen der entsprechende Wert. Bei einem Gleichstand zwischen zwei Buchstaben, können Sie ein »Stechen« durchführen. Vergeben Sie anschließend in der Spalte »Rang« die ersten drei Plätze an ihre drei wichtigsten Werte – wobei Platz eins an den Wert mit der höchsten Punktzahl geht und so weiter.

Wenn Sie Ihre drei wichtigsten Werte herausgearbeitet haben, stellen Sie sich folgende Fragen, um herauszufinden, inwiefern Sie nach Ihren Werten leben:

Wo, wann und wie lebe ich diese Werte aus?

_____

Was kann ich tun, um mein Leben noch mehr nach meinem wichtigsten Wert (Rang 1) auszurichten?

_____

Beispiel: So könnte es aussehen

Werte	A	B	C	D					Gesamt	Rang
A Ehrlichkeit									1	3
B Selbst-verwirklichung	B								2	2
C Gesundheit	C	C							3	1
D Geld	A	B	C						0	4

Beispiel: Die Vergleichsstruktur

Werte	A	B	C	D	E				Gesamt	Rang
A										
B	A od. B?									
C	A od. C?	B od. C?								
D	A od. D?	B od. D?	C od. D?							
E	A od. E?	B od. E?	C od. E?	D od. E?						

Woran erkenne ich ganz konkret, dass ich diesen Wert lebe?

_____

Auch die Zeit hat einen Wert und hilft uns herauszufinden, woher unsere Unzufriedenheit kommt. Unsere Zeit ist begrenzt. Daher ist es sinnvoll, sich zu überlegen, wofür wir unsere Zeit nutzen.

Womit ich am liebsten meine Zeit verbringen würde:

_____

_____

_____

Wofür ich faktisch meine Zeit investiere:

_____

_____

_____

Warum Motivation eine Entscheidung ist

FRUSTIKUS: Boah, das ging ja gleich richtig los hier! So viele Fragen …

MOTIVIAN: Ja, Selbstreflexion ist eine wichtige Voraussetzung für Selbstmotivation.

FRUSTIKUS: Was genau ist überhaupt »Selbstmotivation«? Ich mein', irgendwie ist der Begriff ja selbsterklärend, aber ich finde, du könntest darüber ruhig noch ein paar Worte verlieren.

MOTIVIAN: Aber gerne: Selbstmotivation heißt, dass wir die antreibende Energie in uns haben, unseren Handlungswillen umzusetzen.

FRUSTIKUS: Geht es auch noch ein bisschen einfacher?

MOTIVIAN: Klar! Selbstmotivation ist eine Entscheidung:
Wie will ich eine Situation wahrnehmen, und wie will ich sie bewerten? Und wofür ist meine Entscheidung gut?

> Selbstmotivation ist eine Entscheidung: Wie will ich eine Situation wahrnehmen, und wie will ich sie bewerten? Und wofür ist meine Entscheidung gut?

FRUSTIKUS: Aha. Und was soll die Frage »wofür ist die Entscheidung gut?«?

MOTIVIAN: Die befreit einen vom schlechten Gewissen, denn das ist wenig hilfreich.

FRUSTIKUS: Wie das?

MOTIVIAN: Ein Beispiel: Jemand hat sich vorgenommen, im Büro ein paar unangenehme Anrufe zu tätigen. Frisch am Schreibtisch angekommen, kann er sich entscheiden, die Situation etwa so wahrzunehmen: Jetzt ist ein guter Zeitpunkt, die Anrufe hinter mich zu bringen, weil es noch früh am Morgen ist und ich die Anrufe schnell erledigen kann. Er bewertet die Situation als Chance, danach zufrieden und erleichtert seinen weiteren Tag gestalten zu können. Er entscheidet sich, die Situation zwar nicht als angenehm, aber als machbar zu bewerten und legt los. Seine Entscheidung bewirkt, dass er diese Anrufe endlich abhakt und sich danach gut fühlt. ODER er entscheidet sich dafür, die Situation anders wahrzunehmen: Es ist noch so früh, und es gibt noch so viele E-Mails, die erst abgearbeitet werden sollen. Er bewertet die Situation als ungünstig: Mit den unangenehmen Anrufen anzufangen, wäre ein blöder Start in den Tag. Diese Entscheidung hilft ihm, seine gute Laune zu bewahren. Und das ist auch gut.

FRUSTIKUS: Heißt also: Egal, was ich tue, ich tue es, damit es mir gut geht? Das hört sich so an, als spielten die eigenen Bedürfnisse eine entscheidende Rolle bei der Selbstmotivation.

MOTIVIAN: Genau! Es ist wichtig, den eigenen Bedürfnissen Aufmerksamkeit zu schenken.

FRUSTIKUS: Das bedeutet, wenn ich meine Aufmerksamkeit auf meine Bedürfnisse und den Sinn hinter meinem Handeln richte, bin ich motiviert?

MOTIVIAN: Es ist zumindest ein Anfang, der dann die Selbstmotivation ermöglicht.

FRUSTIKUS: Pah! Ich hab's doch gewusst! Es ist eben doch viel komplizierter. Und was ist, wenn sich jemand dauerhaft erschöpft fühlt, lustlos ist, demotiviert und frustriert?

MOTIVIAN: Wenn das tatsächlich ein Dauerzustand ist und die Antriebsenergie über lange Zeit fehlt, hat das ernst zu nehmende Gründe – zum Beispiel körperliche oder psychische. Dann sollte man einen guten Arzt oder Therapeuten aufsuchen, der einem weiterhilft.

Motivation aktiviert unsere Energie, wir kommen in Bewegung und verwirklichen unsere Vorhaben. Eigentlich könnte man den Begriff »Motivation« durch ein »k« ergänzen und von »**MotivaKtion**« sprechen: **Das Motiv führt zur Aktion.**

Selbstmotivation ist der achtsame Umgang mit seinen eigenen Bedürfnissen und eine werteorientierte Selbstorganisation. Dazu sollten Sie sich auf das konzentrieren, was für Sie wirklich Bedeutung hat und sich selbst so organisieren, dass Sie Ihre Bedürfnisse leben können.

Ihre Motivation hängt von drei Faktoren ab:
1. von Ihren Bedürfnissen, Wünschen und Werten
2. von Ihrer subjektiven Wahrnehmung und Bewertung Ihres Umfelds
3. vom Umfeld selbst

Wenn Sie demotiviert sind, können Sie an genau diesen drei Stellschrauben drehen:
1. Sie verändern Ihre Bedürfnisse und Werte, schrauben zum Beispiel Ihre Erwartungen und Ansprüche runter, oder
2. Sie hinterfragen kritisch Ihre Wahrnehmung und Bewertung des Umfelds: Welche Möglichkeiten haben Sie bisher übersehen? Welche Chancen bietet Ihnen Ihr Umfeld vielleicht doch? Oder
3. Sie verändern Ihr Umfeld und verbessern damit Ihre Möglichkeiten, Ihre Bedürfnisse besser ausleben zu können.

27

Und was ist mit Zielen?

FRUSTIKUS: Du hast etwas Wichtiges vergessen, Motivian!

MOTIVIAN: Und was?

FRUSTIKUS: Na, braucht man nicht auch Ziele, um sich zu motivieren?

MOTIVIAN: Ja und nein: Ein Ziel allein motiviert noch nicht. Und sei es noch so konkret. Es muss ein Ziel sein, das für dich sinnvoll und erstrebenswert ist. Ein Ziel, das dir nur übergestülpt wird, kann dich sogar demotivieren, weil du keinen Sinn darin siehst.

Zu konkrete Ziele können uns einengen und blind machen für unvorhersehbare Entwicklungsperspektiven.

FRUSTIKUS: Okay, das ist klar. Aber es heißt doch immer, man müsse sich Ziele setzen, um motiviert zu sein. Also … meinetwegen brauchen wir das nicht – ich wundere mich nur, dass du das nicht gleich auf den Tisch gebracht hast.

MOTIVIAN: Ich sehe konkrete Ziele nicht als Allheilmittel für fehlende Motivation! Ich halte mehr von Leitzielen, also einer groben Richtung, in die man gehen will. Ein Beispiel: Eine Person setzt sich das Ziel, 20 Kilo abzunehmen und will am Silvestertag nur noch 75 Kilo wiegen. Sie

28

ist motiviert, denn sie findet das Ziel sinnvoll und attraktiv. Also, beginnt sie, sich gesund zu ernähren und Sport zu treiben. Und die Kilos purzeln. Am Silvestertag stellt sie sich auf die Waage: 79 Kilo. Ziel nicht erreicht – vier Kilos zu viel.

FRUSTIKUS: Ja, und dann habe ich meinen Auftritt und kann schön rumnörgeln …

MOTIVIAN: Genau! Und das ist doch nicht Sinn der Sache! Diese Person hat aus meiner Sicht viel erreicht und allen Grund, darauf stolz zu sein. Schließlich wiegt sie 16 Kilo weniger! Doch vermutlich ist sie eher deprimiert, weil sie das konkrete Ziel nicht geschafft hat. Wahrscheinlich wäre sie am Silvestertag vor Freude durch die Wohnung gesprungen, wenn sie ihr Ziel so formuliert hätte: Zum Jahreswechsel bin ich mit meinem Gewicht zufrieden und fühle mich fit. Ich habe wieder Freude an Bewegung und gesundem Essen.

> Fokus auf den Weg und die Bewegung lenken und weniger auf das Ziel.

FRUSTIKUS: Na gut. Und was ist mit diesem Ziel: Ich bin in fünf Jahren Führungskraft in der Personalabteilung der Firma XY. Das klingt doch, als wäre es direkt einem Motivationstraining entsprungen.

MOTIVIAN: Ich würde es so formulieren: Ich entwickle in den nächsten fünf Jahren meine Führungskompetenzen weiter und bin gespannt, wo ich sie dann einbringen kann. Möglicherweise entwickelt sich nämlich alles etwas anders, und ich gründe ein eigenes Unternehmen. Hätte ich nur mein ursprüngliches Ziel im Blick, würde ich diese Chance vielleicht verpassen. Das wäre doch schade! Zu konkrete Ziele können uns einengen und blind machen für unvorhersehbare Entwicklungsperspektiven.

FRUSTIKUS: So habe ich das noch nicht gesehen. In den meisten Büchern steht was anderes! Sind Ziele denn unnütz?

MOTIVIAN: Nein, Ziele bringen uns in Schwung und geben eine Richtung vor. Wie heißt es so schön? Der Weg ist das Ziel! Oder besser: Das eigentliche Ziel ist, den Weg zu beginnen und in Bewegung zu sein. Also: Fokus auf den Weg und die Bewegung lenken und weniger auf das Ziel.

Dann entdecken wir auch die Pilze am Wegesrand, aus denen sich vielleicht eine leckere Suppe kochen lässt. Und manchmal entdecken wir auch neue, versteckte Pfade, die spannende Umwege oder auch Abkürzungen sein können. Also: Augen auf!

Die Antworten auf diese drei Fragen verraten, ob der Weg noch der richtige ist:

1. Will ich das wirklich?
2. Passt der Weg zu meinen Werten?
3. Erlebe ich dabei Freude?

Ihre Ziele können Ihr eigenverantwortliches Handeln stärken, eignen sich gut als Starthilfe und helfen Ihnen, diszipliniert zu sein. Wenn ein Ziel zu konkret formuliert ist, kann es jedoch spontane neue Entwicklungschancen und Kreativität behindern. Ihr Ziel zeigt Ihnen die Richtung – doch bleiben Sie wachsam, offen und flexibel, während Sie Ihrer Richtung folgen.

Wahrnehmen, Denken, Handeln

Es gibt drei Räder, an denen Sie drehen können, um etwas in Ihrem Leben in Bewegung zu bringen: Ihre Wahrnehmung, Ihr Denken und Ihr Handeln. Alle drei beeinflussen sich gegenseitig. Soll heißen: Wenn Sie zum Beispiel Ihre Wahrnehmung verändern, ändern sich auch Ihr Denken und Ihr Handeln.

Beispiel: Sie möchten sich dazu motivieren, ein Mal in der Woche Sport zu treiben und entscheiden sich, dafür an Ihrer Wahrnehmung zu arbeiten. Sie richten also Ihre Aufmerksamkeit auf Ihren Körper. Wie fühlt es sich an, in Ihrem Körper zu sein? Wo spüren Sie Kraft, und wo fühlt es sich verspannt an? Sie nehmen wahr, was andere Menschen für ihren Körper tun. Sie sehen mehr Jogger und Radfahrer, wenn Sie unterwegs sind. Ihnen fällt immer mehr auf, wie fit und durchtrainiert manche Menschen wirken. Sie beginnen mit einer Sportart, die Ihnen Spaß macht und richten Ihre Aufmerksamkeit darauf, wie angenehm es sich anfühlt, wenn Sie sich bewegt haben.

Diese Wahrnehmung beeinflusst Ihr Denken: Sie überlegen, was Sie noch alles tun können, um sich in Ihrem Körper noch wohler zu fühlen. Sie denken daran, wie froh Sie sind, dass Sie sich endlich mehr bewegen. Sie denken darüber nach, wie Sie den Sport fest

Wahrnehmen

Denken

Handeln

in Ihren Alltag einplanen können. Sie denken immer wieder daran, wie gut Ihnen die Bewegung tut. Und Sie merken: Natürlich beeinflusst dieses Denken auch Ihr Handeln: Sie nehmen von nun an die Treppe statt des Fahrstuhls und planen in Ihre Woche einen festen Tag ein, an dem Sie Sport treiben.

Das funktioniert natürlich auch, wenn Sie mit dem Handeln BEGINNEN und sich darauf konzentrieren, aktiv Sport zu treiben. Sie denken also nicht lange darüber nach, sondern Sie TUN es einfach. Das beeinflusst natürlich auch Ihre Wahrnehmung und Ihr Denken. Und wenn Sie Ihre Gedanken zum Sport positiv verändern, beeinflusst das natürlich auch Ihre Wahrnehmung und Ihr Verhalten. Sie denken beim Sport daran, wie Ihre Muskeln arbeiten und Ihre Fettpolster schmelzen, wie Ihr Herz und Ihr Kreislauf trainiert werden und merken, wie Ihr Kopf frei wird. Dadurch öffnet sich auch wieder Ihre Wahrnehmung. Es besteht also eine Wechselbeziehung zwischen Ihrer Wahrnehmung, Ihren Gedanken und Ihrem Handeln. Die Frage ist: An welchem Zahnrad zu drehen, fällt Ihnen am leichtesten? Finden Sie es heraus! Und dann kommt das ganze System in Schwung.

FRUSTIKUS: Das ist doch wieder typisch! Da wird ein Modell gemalt, und alles scheint ganz einfach. Musst nur ein bisschen an einem Rad drehen, und schon bist du motiviert.

MOTIVIAN: Ja und nein.

FRUSTIKUS: Was soll das denn heißen?

MOTIVIAN: Ja, das Modell vereinfacht die Zusammenhänge und nein, es ist leider nicht ganz einfach, die Erkenntnisse daraus umzusetzen.

FRUSTIKUS: Und was nutzt es dann?

MOTIVIAN: Wenn wir frustriert oder demotiviert sind, hilft es uns dabei, uns immer wieder darauf zu besinnen, was wir verändern können. Es zeigt uns, dass WIR etwas tun können und auch müssen, wenn wir etwas ändern wollen. Wir wählen ein Zahnrad aus und beginnen damit, etwas zu verändern.

FRUSTIKUS: Also – irgendwie habe ich das Gefühl, dass da noch ein Haken dran ist … Du verschweigst doch noch was!

>>*Wenn du etwas verändern willst, musst du erst mal herausfinden, was du tust.*<<

MOSHÉ FELDENKRAIS (1904-1984), PHYSIKER UND ERFINDER EINER BEWEGUNGSLEHRE (FELDENKRAIS-METHODE)

MOTIVIAN: Nun ja, was noch fehlt, ist eine wichtige Voraussetzung für Veränderung überhaupt.

FRUSTIKUS: Ha! Ich hab' es doch gewusst! Und was wäre das bitte schön?

MOTIVIAN: Bewusstsein! Wir müssen uns natürlich bewusst sein, worauf wir unsere Aufmerksamkeit ausrichten, was wir denken und was wir tun. Nur dann können wir etwas verändern! Wir brauchen viel Achtsamkeit für uns selbst und für das, was um uns herum ist.

FRUSTIKUS: Und da haben wir den Salat! Schon ist wieder alles kompliziert und schwierig. Bewusstsein! Achtsamkeit! Das fällt ja nicht von den Bäumen. Es gibt Menschen, die jahrelang meditieren, um das zu trainieren.

MOTIVIAN: Meditieren ist zwar wunderbar, aber nicht zwingend notwendig, wenn wir unser Leben verändern und unsere Motivation steigern wollen. Mit den Bäumen liegst du aber schon ganz richtig: Viele Menschen sehen vor lauter Bäumen den Wald nicht mehr. Zum Glück gibt es Übungen, die unser Bewusstsein schärfen, damit wir ihn wieder erkennen. Und genau damit fangen wir jetzt an.

FRUSTIKUS: Du meinst Übungen zur Wahrnehmung, zum Denken und zum Handeln?

MOTIVIAN: Ja, genau!

FRUSTIKUS: Na, da bin ich mal gespannt!

MOTIVIAN: Wunderbar! Neugierde ist die beste Voraussetzung für den Erfolg dieser Übungen!

Wahrnehmen

Selbst wenn Sie jetzt einfach nur dasäßen, ohne zu lesen, wirkten pro Sekunde elf Millionen Sinneseindrücke auf Sie ein. Vielleicht sehen Sie im Vordergrund gerade den Fernseher und im Hintergrund das Muster der Tapete, gleichzeitig spüren Sie den Druck des Sofas an Gesäß und Rücken, mit Ihrer Nase riechen Sie schon den Duft des Abendessens aus der Küche, außerdem hören Sie den Straßenlärm vor Ihrem Fenster, und in Ihrem Mund haben Sie noch der Nachgeschmack des Cappuccinos. Viele dieser Wahrnehmungen verlangen nach einer Entscheidung: Aufstehen oder sitzen bleiben? Das Fenster schließen oder ein Glas Wasser trinken? Elf Millionen Sinneseindrücke pro Sekunde! Ihr Bewusstsein kann aber gerade einmal 40 Sinneseindrücke pro Sekunde gleichzeitig verarbeiten. Der Rest muss schon aus purem Mangel an »Arbeitsspeicher« Ihrem Autopiloten im Kopf überlassen werden. Weniger als ein Prozent dessen, was unser Hirn leistet, gelangt überhaupt in unser Bewusstsein: Wir atmen, unser Herz schlägt, und vieles mehr geschieht –
ohne dass wir es wahrnehmen.

> Ihre Wahrnehmung hat entscheidenden Einfluss auf Ihre Motivation und Ihr Handeln.

Wahrnehmung ist der Vorgang, bei dem wir Eindrücke und Reize empfinden – und zwar die der Außenwelt ebenso wie die unseres inneren Befindens. Aber dabei bleibt es natürlich nicht. Wir müssen diese unzähligen Impulse ja auch noch filtern und sortieren. Nur so wird aus einem »Wahrnehmungswirrwar« letztlich die sinnvolle Wahrnehmung von Eindrücken und das bewusste Erkennen relevanter Informationen. Der springende Punkt ist, dass der Prozess der Wahrnehmung nicht ausschließlich naturgegeben und automatisch abläuft. Wir haben die Möglichkeit, unsere Aufmerksamkeit gezielt zu steuern. So können wir unsere Wahrnehmung verändern – und damit auch unser Empfinden der Welt um und in uns.

Und genau darum geht es in den folgenden Übungen, zu denen ich Sie einlade. Sie trainieren Ihre Aufmerksamkeit, und Sie lernen, Ihre Wahrnehmung bewusst zu steuern.

Dabei hilft zu wissen: Sie konstruieren Ihre Wahrheit selbst. Durch Ihre Wahrnehmung und dadurch, wie Sie diese interpretieren. Ihre Wahrnehmung ist höchst subjektiv und selektiv. Ihre Wahrnehmung sucht also Ihre Realität für Sie aus! Denn Ihr Handeln orientiert sich nicht an der Welt, sondern daran, wie Sie Ausschnitte dieser Welt wahrnehmen. Je achtsamer Sie sind, je bewusster Sie wahrnehmen, was sonst noch da ist, je deutlicher Sie Ihre Wahrnehmungsfilter erkennen, desto bewusster leben Sie. Ihre Wahrnehmung hat entscheidenden Einfluss auf Ihre Motivation und Ihr Handeln.

Übrigens wies der griechische Philosoph Sokrates (470–399 v. Chr.) schon vor mehr als 2400 Jahren darauf hin, dass wir die Realität tatsächlich nicht objektiv wahrnehmen können. Er stellte fest, dass die Wahrheit dem menschlichen Erkenntnisvermögen prinzipiell unzugänglich ist und wir nur bei unmittelbar beobachtbaren Sachverhalten (»Der Himmel sieht blau aus«) zweifelsfrei feststellen könnten, ob eine Aussage wahr oder falsch ist.

(1) Ohne Brille besser sehen
Achten Sie darauf, wann Sie Fakten wahrnehmen und wann Sie interpretieren!

Immer wieder glauben wir, die Wahrheit zu kennen. Dabei vergessen wir, dass wir die Welt immer durch unsere persönliche Brille wahrnehmen. Wir haben unsere eigene Perspektive. Und diese Sicht entsteht durch unsere Erfahrungen und Prägungen – zum Beispiel durch unsere Erziehung. Finden Sie heraus, wie Ihre Gedanken und Ihre Erwartungen Ihre Wahrnehmung beeinflussen. Und erkennen Sie, wie Ihre Gedanken Gefühle erzeugen, die wiederum zu einem Verhalten führen.

FRUSTIKUS: Ach, das ist doch wieder so ein abstraktes Gelaber!

MOTIVIAN: Gut, dann nehmen wir ein Beispiel: Du sitzt mit einem Kollegen zusammen und stellst ihm ein paar neue Ideen für euer Projekt vor. Während du voller Begeisterung sprichst, verzieht sich das Gesicht deines Kollegen immer mehr. Seine Stirn liegt in Falten, der Mund ist leicht geöffnet. Du meinst, dein Kollege sei von deiner Idee überhaupt nicht angetan, er wirkt auf dich abweisend bis negativ überrascht. Das bremst deine Begeisterung, du wirst langsam etwas unsicher. Du beginnst, nach Schwachstellen an deiner Idee zu suchen. Schließlich bist du fertig und fragst deinen Kollegen: »Ich glaube, Sie sind nicht davon überzeugt?« Und er antwortet: »Was? Doch, doch! Das ist eine klasse Idee!«

Was denken wir gerade, um die Welt so zu erleben, wie wir sie erleben?

FRUSTIKUS: Okay, ich habe verstanden, was du meinst.

MOTIVIAN: Wirklich? Was hast du denn verstanden?

FRUSTIKUS: Ich habe etwas wahrgenommen: nämlich, dass der Kollege seine Stirn in Falten legt und den Mund leicht öffnet. Das ist die sachliche Information. Doch ich habe die Situation durch meine Brille betrachtet und interpretiert: Er hat diesen Gesichtsausdruck, weil er meine Idee blöd findet. Diese Vorstellung verändert mein Verhalten: Ich bremse meine Begeisterung und beginne sogar, an meiner Idee zu zweifeln. Ich habe seine Mimik aus meiner Sicht der Welt interpretiert. Denn wenn ICH so aus der Wäsche gucken würde wie mein Kollege, dann sehr wahrscheinlich deshalb, weil ich das, was der andere sagt, tatsächlich bescheuert fände. Meine Interpretation weckt Gefühle. Und die steuern mein Handeln. Nichtsdestoweniger sollte man diesem Kollegen vielleicht mal eine Rückmeldung geben, wie sein Gesichtsausdruck wirkt.

> *»Wahrnehmung ist eine bedeutungsgebende Aktion.«*
> NICOLA FRITZE

MOTIVIAN: Da hast du recht! Wenn wir also das nächste Mal ein unangenehmes Gefühl verspüren, fragen wir uns, welche Gedanken dazu führen konnten. Oder anders ausgedrückt: Was denken wir gerade, um die Welt so zu erleben, wie wir sie erleben?

Wenn wir das herausgefunden haben, überlegen wir einfach, was wir denken müssten, um die Welt anders zu erleben, also, um andere Gefühle zu erzeugen und uns dann anders zu verhalten.

Jetzt motivier' ich mich selbst:

In dieser Situation habe ich mich beim Interpretieren »ertappt«:

_____

So war die Situation rein sachlich:

_____

In dieser Situation habe ich mich beim Interpretieren »ertappt«:

_____

So war die Situation rein sachlich:

_____

In dieser Situation habe ich mich beim Interpretieren »ertappt«:

_____

So war die Situation rein sachlich:

---

(2) Mitmenschen in Lernpartner verwandeln
Rücken Sie Ihre Freunde, Verwandten und Kollegen in ein besonders gutes Licht und lernen Sie von Ihnen!

Sind wir mal ehrlich: Wir unterstellen unseren Mitmenschen nicht immer nur Gutes. Wir sind auch mal kritisch und nörgelig, suchen das Haar in der Suppe oder lästern gar. Lenken Sie Ihre Aufmerksamkeit mal auf die positiven Seiten Ihrer Mitmenschen, auf ihre Fähigkeiten und netten Eigenschaften, und überlegen Sie, was Sie von ihnen lernen könnten. Das ist besonders interessant, wenn man den einen oder anderen eigentlich weniger sympathisch findet. Gerade die Menschen, die wir als unangenehm oder unsympathisch erleben, können besonders interessante Lernpartner für uns sein, weil sie eine Fähigkeit haben, die wir möglicherweise gut gebrauchen können.

> Gerade die Menschen, die wir als unangenehm oder unsympathisch erleben, können besonders interessante Lernpartner für uns sein …

Ein Beispiel: Sie finden einen Kollegen unerträglich. Er schießt immer quer, nimmt kein Blatt vor den Mund und sagt immer geradeheraus, was er denkt. Diese direkte Art wirkt auf Sie oft sehr unpassend und verletzend. Doch dann fragen Sie sich, was Sie wohl von diesem Kollegen lernen könnten. Und vielleicht stellen Sie fest, dass genau diese direkte Art und dieses »Querschießen« Ihnen manchmal auch ganz guttäte. Sie hatten bislang vielleicht nur nicht genug Mut dazu. Also beobachten Sie genau, wie Ihr Kollege vorgeht und entwickeln Sie daraus eine neue Verhaltensmöglichkeit für sich selbst. Vielleicht sind Sie eines Tages sogar froh, dass Sie diesen Kollegen haben, weil Sie von ihm lernen konnten. Und wenn Sie mögen, können Sie ihm ja später einmal sagen, was Sie an ihm zu schätzen gelernt haben und ihm verraten, dass er Ihr Lernpartner war.

Jetzt motivier' ich mich selbst:

Mein/e Lernpartner/in:

_____

Was ich von ihm/ihr lernen kann:

_____

In diesen Situationen kann ich die neue Fähigkeit einsetzen:

_____

(3) Die Glückslupe
Schenken Sie Ihren glücklichen Momenten besonders viel Aufmerksamkeit – auch den kleinen!

Jeder Mensch möchte glücklich sein, aber jeder Mensch versteht unter Glück etwas anderes. Für die einen ist es ein leckeres Stück Kuchen, für die anderen ein wunderschöner Blick aufs Meer, und wieder andere sind glücklich, wenn sie in ihrem Garten sitzen oder die Welt entdecken oder, oder, oder … Glück setzt sich aus zwei Teilen zusammen:

»Lernen heißt: Entdecken, was mir möglich ist.«

FRITZ PERLS (1893-1970), PSYCHOTHERAPEUT, (MIT-)BEGRÜNDER DER GESTALTTHERAPIE

1. unseren äußeren Umständen

2. daraus, wie wir diese Umstände bewerten.

Die äußeren Umstände allein bewirken erst mal gar nichts – sie sind einfach da, ganz neutral. Erst die Bedeutung, die SIE diesen Umständen geben, entscheidet darüber, ob Sie sich freuen und glücklich sind.

Das Glück allein den äußeren Umständen zuzuschreiben, wie manche es versuchen, ist riskant – denn diese Umstände können sich schnell ändern, und dann sitzen wir da und gucken nur noch in die Röhre. Aber allein die richtige Einstellung – also die Umstände positiv zu bewerten – reicht auch nicht. Wir brauchen ein Minimum an Erfolg, materiellen Besitz und eine sichere Umgebung, um glücklich sein zu können.

Obwohl wir Menschen scheinbar immerzu nach dem Glück suchen, sehen wir manchmal das Glück vor lauter Glück nicht mehr. Wir gewöhnen uns so schnell an das Glück, dass wir es manchmal gar nicht mehr wahrnehmen. Wir vergessen die Möglichkeiten, wie wir Glück empfinden können, und manchmal vergessen wir sogar, dass in unserem Leben Glück existiert. Dabei existiert Glück immer. Wir nehmen es nur nicht immer wahr oder wenden unsere Aufmerksamkeit eher dem Unglück zu.

Glück setzt sich aus zwei Teilen zusammen:
1. unseren äußeren Umständen
2. daraus, wie wir diese Umstände bewerten.

Schenken Sie Ihren glücklichen Momenten besonders viel Aufmerksamkeit! Entdecken Sie vor allem die kleinen, aber feinen Momente, in denen Sie Glück fühlen. Vielleicht ist es der Moment, wenn Sie aus dem Haus gehen, dabei die Sonne auf Ihrer Haut spüren und die frische Luft tief einatmen. Oder der Moment, wenn Sie einen Kaffee trinken oder ein gutes Gespräch führen oder eine kleine Blume am Wegesrand finden oder eine Umarmung spüren, Ihren Partner küssen oder einfach mal wieder lachen. Richten Sie Ihre Aufmerksamkeit auf all diese kleinen Glücksmomente! Nehmen Sie sie bewusst wahr, genießen Sie sie, und vielleicht sagen Sie sich innerlich: »Ich bin gerade glücklich«. Schön ist es, wenn Sie Ihr Glück auch gleich einem Menschen mitteilen, der Ihnen nahesteht. Wann haben Sie zum Beispiel Ihrem Partner oder Ihrer Partnerin das letzte Mal gesagt: »Du, weißt du was, ich bin gerade glücklich.« Probieren Sie das mal aus!

FRUSTIKUS: Ach, wie süüüüß! Da sind sie wieder, die Blümchen! Ich soll nun also auch noch glücklich sein, wenn ich sie am Wegesrand entdecke! Das ist doch total albern!

MOTIVIAN: Du findest es albern, sich an kleinen Dingen zu erfreuen?

FRUSTIKUS:Jetzt mal ehrlich! Das macht doch nicht glücklich! Eine Gehaltserhö-hung macht glücklich oder ein neues Auto oder ein Urlaub oder ein tolles Fest oder …

MOTIVIAN: Oh, wie traurig!

FRUSTIKUS: Wieso traurig? Glücklich!

MOTIVIAN: Wenn du nur bei so großen Ereignissen Glück empfindest, kannst du deine Glücksmomente im Jahr an einer Hand abzählen. Macht dich das glücklich?

»Glücklichsein hängt nicht davon ab, dass wir bekommen, was wir nicht haben, sondern davon, wie gut wir nutzen, was wir haben.«

THOMAS HARDY (1840-1928)

FRUSTIKUS: Ach, hör auf, das ist doch eine Fangfrage! Natür-lich wäre ich glücklicher, wenn ich öfter glücklicher wäre … Aber Blümchen machen mich nun wirklich nicht glücklich!

MOTIVIAN: Das Problem ist, dass wir viele Kleinigkeiten für selbstverständlich halten und sie deshalb gar nicht mehr wahrnehmen. Stell dir vor, du wärest tagelang durch eine Sandwüste gelaufen und plötzlich entdecktest du eine kleine Blume.

FRUSTIKUS: Das wäre ja was ganz anderes!

MOTIVIAN: Klar, weil es nicht selbstverständlich ist, dass in der Sandwüste eine Blume wächst. Und hast du eine Idee, was im Leben noch alles selbstverständlich scheint, was in der Wüste vielleicht nicht selbstverständlich wäre?

FRUSTIKUS: Wir können unsere Wüstenreise beenden. Ich habe verstanden, was du mir sagen willst. Es macht glücklich, die kleinen Dinge wieder zu würdigen, die man für selbstverständlich hält, weil Sie eben NICHT immer selbstverständlich sind.

MOTIVIAN: Na, das war ja eine kürzere Reise in die Wüste, als ich gedacht hätte … Ich wollte gerade mit dem Kühlschrank anfangen, aber dann schenken wir uns das jetzt.

Jetzt motivier' ich mich selbst:

Was alles halte ich für selbstverständlich, das mal wieder etwas mehr Würdigung verdiente?

_____

Meine kleinen Glücksmomente:

_____

Meine großen Glücksmomente:

_____

(4) Meditieren mit (und ohne) Ommmmmm

Konzentrieren Sie sich auf Ihr Tun – und lassen Sie sich dabei nicht von Gedanken oder Körperempfindungen ablenken!

Anstatt über sich selbst und Ihre Probleme nachzudenken, richten Sie Ihre Aufmerksamkeit auf Ihre Aufgaben,

auf Ihr Tun. Gehen Sie in Ihrer Aufgabe auf, werden Sie quasi eins mit Ihrer Aufgabe. Das ist ein sehr angenehmer Zustand, weil wir unsere Sorgen vergessen. Die Zeit vergeht wie im Flug, und wir entspannen unseren unruhigen Geist. Was genau Sie tun, spielt dabei keine Rolle. Wichtig ist, dass Sie es mit allen Sinnen wahrnehmen.

FRUSTIKUS: Ach herrje! Das kommt ja gleich nach kreativem Gemüseschnitzen und angstfreiem Töpfern! Meditatives Geschirrspülen und dabei »Ommmm« singen?

MOTIVIAN: Du hast es erfasst … Naja, das »Ommmm« muss nicht unbedingt sein. Nur wenn es dir hilft, dich auf dein Tun zu konzentrieren.

FRUSTIKUS: Du willst mich doch veräppeln, oder?

MOTIVIAN: Ganz und gar nicht! Ich greife dein Beispiel gerne auf, um zu verdeutlichen, worum es geht: Beim Geschirrspülen achtest du auf die Geräusche des Wassers und des Geschirrs, du fühlst das Wasser, den Schwamm, die Oberflächen des Geschirrs. Du atmest den Geruch des Spülmittels ein, spürst die Bewegung deiner Hände ganz bewusst …

FRUSTIKUS: Du meinst es offensichtlich ernst …

MOTIVIAN: Aber sicher! Besonders gut funktioniert das auch beim Essen. Leg beim nächsten Mal nicht gleich drauflos. Halt erst mal einen Moment inne. Bereite deinen Körper darauf vor, dass er gleich Energie und Nahrung bekommt. Nimm zunächst den Geruch des Essens wahr, stell dir vor, wie es wohl schmecken wird. Betrachte das Essen. Welche Farben hat es? Wenn du isst, fühl die Temperatur, die Struktur und Konsistenz der einzelnen Speisen. Konzentrier dich auf den Geschmack, versuch, die Gewürze rauszuschmecken.

FRUSTIKUS: Hör auf, ich krieg' Hunger!

> Anstatt über sich selbst und Ihre Probleme nachzudenken, richten Sie Ihre Aufmerksamkeit auf Ihre Aufgaben.

> »Für die echte Wahrnehmung zählt nur der Augenblick. Sobald man zu reflektieren oder nachzudenken beginnt, schweift man ab.«
>
> SATZ DES ZEN-BUDDHISMUS

MOTIVIAN: Gut! Dann noch eine wirklich meditative Übung für den Geist: Betrachte eine Kerzenflamme. Achte darauf, dass deine Gedanken nicht abschweifen, sondern immer auf die Betrachtung der Flamme gerichtet bleiben. Will sich dennoch ein Gedanke in deinem Kopf festsetzen, bitte ihn freundlich, weiterzuziehen. So wie die Wolken am Himmel. Man kann sich quasi auf alle Tätigkeiten hundertprozentig konzentrieren und dabei die Freude am Tun erfahren.

Jetzt motivier' ich mich selbst:
Diese Tätigkeiten habe ich bewusst wahrgenommen und dabei folgende Erfahrungen gemacht:

---

(5) Raus aus der Problemschleife
Konzentrieren Sie sich konsequent auf Lösungen und lassen Sie sich nicht von Schwierigkeiten lähmen!

Wenn wir ein Problem haben, verändert sich unsere Wahrnehmung.

Wir sehen nur noch das Problem – und zwar in Großaufnahme. Es ist, als blickten wir durch ein Mikroskop. Wir tauchen ein in die Welt des Problems und verlieren den Kontakt zu Außenwelt (die ja auch noch da ist).

> Wenn wir ein Problem haben, verändert sich unsere Wahrnehmung.

Um den Blick wieder zu öffnen, empfehle ich, das PROBLEMDENKEN zu stoppen und sich auf mögliche Lösungen zu konzentrieren. Dabei helfen Ihnen die unten folgenden Fragen.

Antworten Sie am besten spontan.

Jetzt motivier' ich mich selbst:
Mein Problem:

Was habe ich bisher getan, um das Problem zu lösen?

_____

Was davon war hilfreich?

_____

Was wäre eine gute Lösung – wie könnte es gehen?

_____

Wie sieht mein erster Schritt aus?

_____

Wann war ich in einer ähnlichen Situation und wie bin ich da rausgekommen?

_____

Angenommen, das Problem wäre gelöst, woran würde ich das erkennen?

_____

>>*Wenn man ein Problem lösen will, muss man sich von dem Problem lösen.*<<

UNBEKANNT

(6) Auf ins Morgen-Land
Betrachten Sie unangenehme Situationen aus einem Blickwinkel der Zukunft!

Wir können die Zeit verschieben – wann immer wir wollen. Erinnern Sie sich an eine Situation, die etwa ein bis fünf Jahre zurückliegt. Eine Situation, die Ihnen sehr peinlich war oder in der Sie sich aufgeregt haben. Vergleichen Sie Ihre Gefühle seinerzeit und jetzt: Was haben Sie damals in dieser Situation gefühlt, und was fühlen Sie heute, wenn Sie sich daran erinnern? Kann es sein, dass Ihnen das, was Ihnen damals so peinlich war, heute eher lustig vorkommt und Sie darüber lachen? Wenn wir einen zeitlichen Abstand zu unangenehmen Situationen haben, gehen wir emotional gelassener damit um.

Wir nehmen sie mit mehr Humor, weil wir das große Ganze sehen, statt uns an einem Detail festzubeißen. Wie wäre es, wenn

Wenn wir einen zeitlichen Abstand zu unangenehmen Situationen haben, gehen wir emotional gelassener damit um.

47

Sie in einer unangenehmen Situation einfach so täten, als wäre es schon fünf oder zehn Jahre später und Sie blickten aus dieser Entfernung darauf zurück. Schlüpfen Sie in Ihr Zukunfts-Ich und stellen Sie sich dazu Fragen wie diese:

~ Werde ich mich in der Zukunft überhaupt noch an diese Situation erinnern?
~ Wird diese Situation in meinem späteren Leben überhaupt eine Rolle spielen?
~ Werde ich später darüber schmunzeln, lächeln oder einfach nur den Kopf schütteln?
~ Wie werde ich darüber in der Zukunft denken und sprechen?
~ Wird diese Situation vielleicht eine lustige Anekdote in meinem Leben werden, die ich gerne meinen Freunden erzähle?

»Am liebsten erinnere ich mich an die Zukunft.«

SALVADOR DALÍ (1904-1989)

Übernehmen Sie die Haltung und die Gefühle Ihres Zukunfts-Ichs für die aktuelle Situation. Mit dieser kleinen Zeitverschiebung gewinnen Sie emotionalen Abstand von der unangenehmen Situation. Sie reagieren gelassener. Und recht oft werden Sie feststellen, dass diese Situation auf Ihr gesamtes Leben bezogen doch eine recht kleine oder sogar gar keine Rolle spielt. Also: Wozu die Aufregung? Verschieben Sie die Zeit, üben Sie sich in heiterer Gelassenheit und konzentrieren Sie sich auf die wirklich wichtigen Dinge in Ihrem Leben.

Jetzt motivier' ich mich selbst:

Situationen, in denen ich die Zeit verschoben habe und mit heiterer Gelassenheit reagieren konnte:

---

(7)

Leben Sie ganz bewusst im gegenwärtigen Moment – und das mit Leib und Seele!

Sie kennen das wahrscheinlich: Der Wecker hat gerade geklingelt, und während Sie noch im Bett liegen, spulen Ihre Gedanken schon den ganzen Tag durch. Geistig sitzen Sie vielleicht schon im Büro, während Ihr Körper sich unter der Decke noch einmal

48

umdreht. Oder Sie frühstücken, aber Ihre Gedanken sind schon auf dem Weg zum Kunden. Oder Sie sitzen mit Ihrer Partnerin oder Ihrem Partner in einem Restaurant, wollen einen schönen, entspannten Abend verbringen, doch Ihre Gedanken kreisen nur um Ihren Ärger über den neuen Kollegen. Unsere Gedanken und unser Körper sind oft voneinander getrennt.

Unser Körper ist im Jetzt, aber unsere Gedanken wandern in die Vergangenheit oder in die Zukunft. Leben Sie doch stattdessen mal ganz bewusst im Jetzt! Lassen Sie sich voll und ganz auf den Augenblick ein, den Sie gerade leben.

> Unsere Gedanken und unser Körper sind oft voneinander getrennt.

FRUSTIKUS: Ach herrje, das hört sich aber esoterisch an …

MOTIVIAN: Na, da bist du ja wieder! Ich habe dich schon vermisst! Du warst so still in den letzten Kapiteln …

FRUSTIKUS: Ja, aber jetzt muss ich dieses esoterische Zeugs doch mal etwas einschränken! Von wegen voll und ganz auf den Augenblick einlassen, im Jetzt leben und so …

MOTIVIAN: Interessant, was du so als »esoterisch« bezeichnest. Für mich ist es nur eine sehr konzentrierte Achtsamkeit. Ich gebe dir ein paar Beispiele: Nimm bewusst wahr, was du gerade tust, wo du gerade bist. Wenn du sitzt, dann sitzt du und bist in Gedanken nicht schon aufgestanden. Wenn du stehst, dann stehst du und bist in Gedanken nicht schon losgegangen.

> *»Halte immer an der Gegenwart fest. Jeder Zustand, ja jeder Augenblick ist von unendlichem Wert.«*
>
> JOHANN WOLFGANG VON GOETHE (1749-1832)

49

FRUSTIKUS: Hört sich einfach an. Dann sitze ich eben.

MOTIVIAN: So einfach ist es gar nicht, nur zu sitzen. Das bedeutet nämlich, bewusst mit Kopf und Körper zu sitzen. Setz dich mal auf einen Stuhl und denk dabei nur: »Ich sitze auf einem Stuhl«. Achte dann auf deine Atmung und denk dabei nur: »Ich atme. Ich atme ein und ich atme aus«. Die Atmung führt uns immer in die Gegenwart, ins Jetzt. Sie hilft uns dabei, uns auf uns selbst und das Jetzt zu fokussieren.

FRUSTIKUS: Na, dann atme ich mal ein paar Züge …

 **Jetzt motivier' ich mich selbst:**
Notieren Sie, was genau Sie wahrnehmen und wie sich Ihr Leben ändert, wenn Sie nur im Hier und Jetzt sind:

---

(8) Wenn Wunder wirken
Sehen Sie wieder mit den Augen eines Kindes und entdecken Sie die Wunder dieser Welt!

Schätzen Sie mal: Wie oft am Tag können sich Kinder für etwas begeistern? 30 bis 50 Mal! Und Sie? Wenn Sie die Welt mit den Augen eines Kindes sähen – welche Fragen kämen Ihnen dann in den Sinn? Was würde Ihre Neugierde wecken? Freuen Sie sich an den vielen kleinen und großen Wundern, die uns täglich umgeben!

> Freuen Sie sich an den vielen kleinen und großen Wundern, die uns täglich umgeben!

Zum Beispiel an den Wundern der Technik: Fragen Sie sich auch manchmal, wie es eigentlich zugehen kann, dass wir am Computer bunte Grafiken basteln können, die dann auch noch genauso bunt aus dem Drucker kommen? Ist es nicht erstaunlich, was Nullen und Einsen vollbringen können? Oder: Ist es nicht ein Wunder, wie unser Körper funktioniert? Ohne Unterbrechung steuert er gleichzeitig Tausende verschiedener Rädchen in unserem Inneren. Und ist es nicht ein Wunder, was eine kleine Ameise so alles tragen kann?

>>Es gibt kein Wunder für den, der sich nicht wundern kann.<<

MARIE VON EBNER-ESCHENBACH (1830-1916)

Bleiben Sie offen für die Welt, schauen Sie genau hin! Halten Sie mal am Wegesrand an und betrachten Sie diese kleine Pflanze, die sich durch den Asphalt nach oben gekämpft hat. Entdecken Sie lauter kleine Wunder, die Ihnen bisher gar nicht aufgefallen sind oder die Sie für selbstverständlich genommen haben. Und vielleicht kommen Ihnen auch ein paar wundervolle Ideen, wie Sie Ihre ganz persönlichen Wunder vollbringen können. Handeln ist wundervoll! Und wenn Sie wollen, benutzen Sie doch öfter mal diese Worte: Wunderbar! Wundervoll! Wunderschön!

Jetzt motivier' ich mich selbst:
Meine kleinen Wunder:

_____

(9) Wut ist gut
Richten Sie Ihre Aufmerksamkeit auf die Energie Ihrer Unzufriedenheit – und nutzen Sie diese Energie!

Sind Sie unzufrieden? Richtig verärgert? Vielleicht sogar wütend? Super! Super??? Normalerweise haben wir diese Gefühle ja nicht so gerne. Wer brüstet sich schon mit seiner schlechten Laune?! Nach dem Motto: »Hey, wie geht's?« »Danke, super, ich bin so herrlich unzufrieden!« Wir streben so sehr nach Harmonie und eitel Sonnenschein, dass wir den Wert der Unzufriedenheit übersehen: ihre Energie. Unzufriedenheit und vor allem Wut sind pure Energie.

Unzufriedenheit und vor allem Wut sind pure Energie.

Ein Motivationskick, um etwas zu verändern. Und je stärker die Unzufriedenheit, der Ärger oder die Wut ist, desto stärker ist auch die Veränderungs-Motivation. Soll heißen: Wir sind motiviert, den aktuellen Zustand zu ändern, denn kein Mensch ist auf Dauer gerne unzufrieden oder wütend. Dabei kommt es darauf an, sich nicht an der Unzufriedenheit festzubeißen und sich als Opfer dauerhaft der Wut oder dem Ärger hinzugeben. Machen Sie Ihren Gefühlen erst mal richtig Luft und überlegen Sie dann, was Sie konkret tun können, damit Sie wieder zufriedener sind mit sich und der Welt.

>>*Den Fortschritt verdanken wir den Nörglern. Zufriedene Menschen wünschen keine Veränderungen.*<<

H.G. WELLS (1866-1946)

Sie alle kennen genügend Beispiele in Ihrem Leben. Überlegen Sie mal, wann Sie aktiv etwas verändert haben, weil Sie unzufrieden waren. Das fängt im Kleinen an: Unzufrieden mit Ihren Haaren? Ab zum Friseur! Unzufrieden mit dem Job? Sie suchen nach einem neuen. Wütend auf die Partnerin oder den Partner? Sie führen ein klärendes Gespräch. Wütend auf sich selbst, weil Sie sich mit Ihrer Idee bei Ihren Kollegen wieder mal nicht haben durchsetzen können? Dann arbeiten Sie an Ihrer Durchsetzungsfähigkeit.

Je niedriger Ihre Frustrationstoleranz, desto größer Ihre Veränderungsmotivation – und desto schneller nehmen Sie Ihr Leben in die Hand. Wenn Sie sich jedoch mit Ihrer Unzufriedenheit abfinden und sich vielleicht sogar selbst ein wenig bemitleiden, tut sich nichts. Dann sind Sie ein Opfer der Umstände und Ihrer Unzufriedenheit. Das geht so lange, bis Sie endgültig genug davon haben, endlich die Augen öffnen und die Ärmel hochkrempeln. Bei manchen Menschen dauert das sehr lange, und es stauen sich immer mehr Unzufriedenheit, Wut und Ärger auf. Irgendwann äußert sich diese Unzufriedenheit dann in Form körperlicher Symptome. Angefangen von Müdigkeit bis hin zu chronischen Krankheiten. Lassen Sie es nicht so weit kommen! Beobachten Sie wachsam, was Sie unzufrieden macht und nutzen Sie Ihre Veränderungsmotivation, um aktiv dafür zu sorgen, dass Sie wieder zufriedener werden.

FRUSTIKUS: Also, das gefällt mir jetzt mal richtig gut!

MOTIVIAN: Ja?

FRUSTIKUS: Ja, weil es nämlich zeigt, wie wichtig ich bin! Und meine Kollegen, der Jammerlappen, der Nörgler und der Wüterich auch! Ohne uns käme diese Veränderungsenergie, diese Motivation, aus Ärger und Wut etwas zu verändern, doch gar nicht auf!

MOTIVIAN: Da hast du vollkommen recht. Deshalb können wir euch an dieser Stelle mal würdigen! Danke, ihr macht einen guten Job!

FRUSTIKUS: Na, das gefällt mir ja gleich noch besser!

Jetzt motivier' ich mich selbst:
Ich bin unzufrieden mit:

_____

_____

Das werde ich jetzt dagegen tun:

_____

_____

(10) Erfolge feiern, wie sie eintreffen

Nehmen Sie jeden Ihrer Fortschritte wahr – und sei er noch so klein!

Menschen, die bei der Arbeit Fortschritte erleben, sind besonders motiviert – das zeigen Untersuchungen. Es ist eben ein wunderbares Gefühl, voranzukommen, Probleme zu lösen, dabei vielleicht auch Unterstützung zu erfahren und schließlich ein Ergebnis zu sehen.

Fortschritte motivieren sogar mehr als die vielgepriesene Anerkennung, die sich viele von ihren Führungskräften erhoffen. Vorgesetzte können die Motivation ihrer Mitarbeiter also steigern, indem sie ihnen Hindernisse aus dem Weg räumen und sie optimal unterstützen. Gleichzeitig sollten sie dafür sorgen, dass die vereinbarten Ziele realistisch sind, und sie sollten ihre Mitarbeiter auch immer wieder auf deren Fortschritte aufmerksam machen. Denn vor lauter Arbeit sieht man manchmal gar nicht mehr, wie viel man schon erreicht hat. Schauen Sie daher ganz genau hin, wo überall es vorangeht. Nehmen Sie auch den kleinsten Fortschritt wahr!

FRUSTIKUS: Grrrr ... Also das widerstrebt meinem Naturell ja nun total!

MOTIVIAN: Ja, das kann ich mir vorstellen!

FRUSTIKUS: Schließlich ist es doch meine Hauptaufgabe, zu schauen, was nicht klappt, wo es hängt, was schief läuft, was besser werden muss und so weiter.

MOTIVIAN: Ja, und auch das ist wichtig, denn damit sorgst du dafür, dass wir unsere Aufgaben gut erledigen und unser Bestes geben.

FRUSTIKUS: Schön, dass das mal gesagt wird!

MOTIVIAN: Andererseits kannst du unsere Motivation damit

> Menschen, die bei der Arbeit Fortschritte erleben, sind besonders motiviert

auch ganz schön blockieren. Vor allem, wenn dann auch noch dein Kollege, der Perfektionist, auftaucht. Dann entsteht der Eindruck, dass wir nie gut genug sind und nicht vorankommen, weil wir uns in Details verzetteln. Das ist dann wirklich demotivierend.

FRUSTIKUS: Meine Güte, wir können ja auch nicht STÄNDIG motiviert sein! Manchmal müssen Perfektion und Qualität eben auch oberste Priorität haben. Wenn wir es dann endlich geschafft haben, sind wir ja auch hochzufrieden.

MOTIVIAN: Ja, das stimmt.

FRUSTIKUS: Wie? Kein Widerspruch mehr?

MOTIVIAN: Nö. Nur eine Bitte.

FRUSTIKUS: Hab ich's doch gewusst!

MOTIVIAN: Wenn wir gerade mal mehr Motivation benötigen, um auch weiterhin gute Qualität abzuliefern, könntet ihr, du und der Perfektionist, euch dann bitte zurückhalten und uns einen Blick auf unseren Fortschritt ermöglichen, OHNE uns darauf aufmerksam zu machen, was alles wir noch nicht erreicht haben und was alles noch nicht gut ist?

FRUSTIKUS: Na, gut …

»Bei der ungeheuren Beschleunigung des Lebens wird Geist und Auge an ein halbes oder falsches Sehen und Urteilen gewöhnt, und jedermann gleicht den Reisenden, welche Land und Volk von der Eisenbahn aus kennen.«

FRIEDRICH NIETZSCHE
(1844-1900)

Jetzt motivier' ich mich selbst:

Was ist heute schon etwas besser als letzte Woche?

_____

Wo bin ich einer Lösung schon ein kleines bisschen näher gekommen?

_____

Welche ersten kleinen Erfolge habe ich heute erreicht?

_____

Welche Dinge habe ich erledigt?

_____

(11) Immer der Sehnsucht nach

Nehmen Sie wahr, was es in Ihrem Leben alles an Gutem gibt – und sorgen Sie für Nachschub!

Seien Sie gut zu sich!

> »Ich genieße jeden Tag, bin nett zu ihm. Ich werde ihn nur heut' und dann nie wieder seh'n.«
>
> UNBEKANNT

Beantworten Sie die Fragen unten und nehmen Sie sich für jede fünf Minuten Zeit. Schreiben Sie alles auf, was Ihnen in den Sinn kommt. Und zwar konkret. Antworten Sie also zum Beispiel auf die Frage: »Wo bin ich gerne?« nicht nur mit: »In der Natur«, sondern etwa mit: »Im Wald«. Notieren Sie bei der Frage: »Mit wem bin ich gerne zusammen?« nicht nur »Freunde«, sondern schreiben Sie konkrete Namen hin. Und wenn Sie meinen, Ihnen falle nichts mehr ein, aber die fünf Minuten noch nicht rum sind, dann denken Sie weiter nach. Meistens kommt einem dann doch noch etwas in den Sinn. Also, nicht schummeln! Pro Spalte fünf Minuten »hirnen«.

Jetzt motivier' ich mich selbst:

Da bin ich gerne:

_____

Das tue ich gerne:

_____

Mit diesen Menschen bin ich gerne zusammen:

_____

Schauen Sie sich das Resultat an. Lassen Sie es auf sich wirken. Vielleicht spüren Sie eine Sehnsucht, das eine oder andere mal wieder zu tun, den einen oder anderen Menschen mal wiederzusehen, oder den einen oder anderen Ort mal wieder zu besuchen? Folgen Sie dieser Sehnsucht. Tun Sie sich etwas Gutes!

(12) Den inneren Superhelden wecken
Tauschen Sie in schwierigen Situationen die Rolle – und gewinnen Sie Abstand!

Manchmal stecken wir in einer unangenehmen Situation fest. Oder wir sind so im Stress, dass wir nicht mehr wissen, was wir zuerst tun sollen. Oder wir führen ein Konfliktgespräch und drehen uns dabei im Kreis. Oder wir befinden uns auf dem Weg zu einem wichtigen Termin – vielleicht eine Verhandlung oder eine Präsentation – und sind unsicher und aufgeregt. Oder, oder, oder …

> Was Sie in schwierigen Situationen brauchen, ist Abstand.

Gibt es in Ihrem Leben Situationen, wo Sie sich einen Superhelden wünschen, der Sie rettet? Was Sie in schwierigen Situationen brauchen, ist ABSTAND.

Eine gesunde Distanz, eine Vogelperspektive, aus der heraus Sie einen besseren Überblick haben, sodass Sie wieder erkennen, wo der Ausgang ist und wo Ihre Ressourcen liegen.

Und genau diesen Abstand bekommen Sie, wenn Sie die Rolle tauschen.

Wie das geht? Ganz einfach:

> »*Tu das Unerwartete. Es ist sicherer, sich vorwärts zu bewegen, als stillzustehen.*«
> BRIAN TRACY (*1944), MOTIVATIONSCOACH

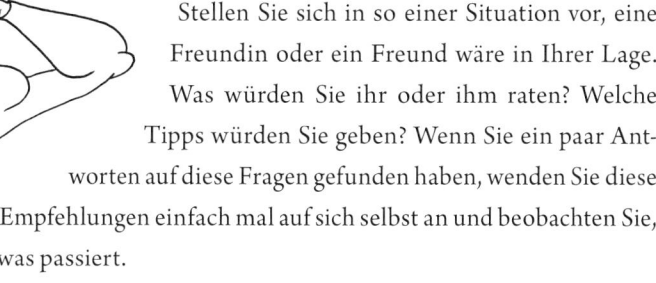

Stellen Sie sich in so einer Situation vor, eine Freundin oder ein Freund wäre in Ihrer Lage. Was würden Sie ihr oder ihm raten? Welche Tipps würden Sie geben? Wenn Sie ein paar Antworten auf diese Fragen gefunden haben, wenden Sie diese Empfehlungen einfach mal auf sich selbst an und beobachten Sie, was passiert.

Und nun zum Superhelden. Den gibt es nämlich tatsächlich! Überlegen Sie in einer unangenehmen Situation, ob Sie jemanden kennen, der diese Herausforderung souverän meistern würde, der damit leichter fertig würde als Sie. Ist es James Bond? Superman? Wonderwoman? Es muss aber gar kein Superheld sein, es kann auch ein Mensch sein, der ein wichtiges Vorbild für Sie ist – quasi Ihr persönlicher Superheld. Wenn Sie Ihren Superhelden oder Ihre Superheldin gefunden haben, fragen Sie sich, was er oder sie in dieser Situation unternehmen würde, und dann machen Sie es einfach nach.

 **Jetzt motivier' ich mich selbst:**

Meine schwierige Situation:

_____

Das würde ich meiner Freundin/meinem Freund raten, wenn sie/er in der Situation wäre:

_____

Das würde meine Superheldin/mein Superheld tun:

_____

(13) Verzeihung, kennen wir uns?

Betrachten Sie Freunde, Verwandte und Kollegen mit den Augen einer anderen Person!

Wir hängen in Wahrnehmungsmustern fest.

Beispielsweise frühstücken wir jeden Morgen mit dem scheinbar selben Menschen, den wir schon so lange zu kennen glauben. Wir arbeiten schon sooo lange mit denselben Kollegen und meinen genau zu wissen, wie sie arbeiten (oder wie vielleicht auch nicht). Je öfter wir in solchen Wahrnehmungsmustern verharren, desto weniger sehen wir, dass sich dieser Mensch auch verändert und weiterentwickelt. Wenn wir diese Personen trotzdem immer in dieselben Schubladen stecken, dann leidet unser Miteinander darunter. So fühlen sich etwa unsere Partnerinnen und Partner immer weniger verstanden, wie sie wirklich sind. Und im schlimmsten Fall hat man sich irgendwann einmal nichts mehr zu sagen, denn man weiß ja doch alles voneinander, und die Beziehung ist nur noch eine leere Hülle.

> Wir hängen in Wahrnehmungsmustern fest.

Tun Sie diese Woche mal so, als sähen Sie eine Person aus Ihrem nahen Umfeld zum ersten Mal, als lernten Sie sie gerade erst kennen. Studieren Sie die Gesichtszüge, die Bewegungen, die Haltung, die Kommunikation. Wie denkt, spricht und verhält sich Ihr Gegenüber ganz genau? Entdecken Sie möglichst viele Details, die Ihnen in den letzten Jahren gar nicht mehr aufgefallen sind – oder vielleicht sogar noch nie. Öffnen Sie Ihre Augen und Ohren, schauen und hören Sie exakt hin. Nehmen Sie dabei der Person gegenüber eine wohlwollende Grundhaltung ein und seien Sie neugierig. Ich bin mir sicher, Sie werden Interessantes entdecken. Denn kein Mensch ist heute derselbe wie gestern. Unsere Erfahrungen, unsere Erlebnisse, unsere Gedanken, unsere Taten, unsere Umgebung, unsere Mitmenschen prägen und verändern uns Tag für Tag.

> *»Wir nehmen wahr, was wir erwarten, wahrzunehmen.«*
> NICOLA FRITZE

Jetzt motivier' ich mich selbst:

Diese mir vertraute Person betrachte ich mal mit »neuen Augen«:

_____

_____

Das habe ich diesem Menschen neu entdeckt:

_____

_____

(14) Würdigen statt würgen

Erkennen Sie an, dass Menschen – im Rahmen ihrer Möglichkeiten – immer ihr Bestes geben!

Es kommt vor, dass wir uns über einen Menschen furchtbar ärgern, ihn beschimpfen oder sogar verletzen. Und wenn wir das tun, sind wir immer der Meinung, dieser Mensch hätte anders sein, uns anders behandeln oder anders reagieren müssen. Wir verurteilen ihn und würgen ihn innerlich vor Wut. Aber wie hilfreich ist das für uns? Ist es für unser Gegenüber oder für die Situation nützlich? Selten.

Wenn Sie in solchen Situationen gelassen bleiben wollen, würdigen Sie Ihren Gesprächspartner besser, statt ihn zu würgen. Das scheint erst mal völlig unsinnig, wenn nicht sogar unmöglich. Und dennoch: Würdigen Sie ihn innerlich! Machen Sie sich bewusst, dass das Verhalten dieser Person das Beste war, was er oder sie – im Rahmen seiner/ihrer Möglichkeiten – in diesem Moment zustande bringen konnte.

Jeder Mensch handelt nach seinen Möglichkeiten. Ihr Kollege beschimpft und beleidigt Sie? Niemand, der entspannt ist,

> Machen Sie sich bewusst, dass das Verhalten dieser Person das Beste war, was er oder sie – im Rahmen seiner/ihrer Möglichkeiten – in diesem Moment zustande bringen konnte.

60

nimmt sich vor, Ihnen jetzt mal ordentlich eine vor den Latz zu knallen. Ein bestimmter mentaler oder emotionaler Zustand ihres Kollegens begrenzt seine Verhaltens- und Denkmöglichkeiten. Daher steht ihm gerade keine Handlungsalternative zur Verfügung. Mit der Haltung, dass jeder Mensch innerhalb seiner Möglichkeiten immer das Beste gibt, werden Sie künftig in schwierigen oder hitzigen Situationen sehr viel gelassener reagieren können. Und damit erhöhen Sie Ihre Chancen, auch wieder einen guten Kontakt zu Ihrem Gesprächspartner herstellen zu können.

Jetzt motivier' ich mich selbst:
Diese Veränderungen nehme ich an mir wahr, wenn ich anderen zugestehe, dass sie auch in schwierigen Situationen immer ihr Bestes geben:

_____

_____

»Enttäuschung ist das Ergebnis falscher Erwartungen.«

ANDREAS TENZER (*1954),
PHILOSOPH UND PÄDAGOGE

Denken

Denken Sie selbst oder denkt ES Sie?

Denken geschieht meist ohne unser Zutun – völlig automatisch. Oft gleicht es einem Gewirr innerer Stimmen ohne echten Zweck. Diese Stimmen führen ein Eigenleben, und wir fühlen uns ihnen manchmal ausgeliefert. Dann plappern sie Dinge, die uns weder weiterhelfen noch guttun. Manchmal ist es auch nur ein einziger Gedanke, der sich immer wiederholt wie in einer Endlosschleife und uns so komplett blockiert. Sie kennen das vielleicht: Sie wollen sich unbedingt auf etwas konzentrieren, schweifen aber immer wieder ab. Und jedes Mal ruft eine innere Stimme: »Du musst dich konzentrieren! Du musst dich konzentrieren!« Ist das wirklich hilfreich? Oder: Sie können abends nicht einschlafen und eine innere Stimme flüstert: »Schlaf endlich ein, schlaf endlich ein, schlaf endlich ein!« – und bringt Sie so zur Verzweiflung.

Wenn Sie in solchen Gedanken-Sackgassen feststecken, wird es höchste Zeit, wieder selbst zu denken. Soll heißen: als ersten Schritt Ihre Gedanken bewusst wahrzunehmen, sie dann zu hinterfragen und anschließend zu steuern. Wenn Sie sich selbst motivieren wollen, sollten Sie wissen, was Sie denken und wie Sie Ihre Gedanken steuern können. Nur so können Sie Ihr Verhalten und Ihre Stimmung beeinflussen. Ja, auch Ihre Stimmung, denn Ihre Gedanken erzeugen auch Ihre Gefühle – wie zum Beispiel Ärger, Unsicherheit oder Frust.

So hinterfragen und steuern Sie Ihr Denken:

1. Wahrnehmen: Was denke ich gerade?

2. Wie wirkt dieser Gedanke auf mich? Ist er meinem Ziel förderlich? Geht es mir mit dem Gedanken gut?

3. Wie verhalte ich mich, wenn ich das denke?

4. Wie würde ich mich verhalten, wenn ich das nicht dächte?

5. Was könnte ich denken, um meinem Ziel näher zu kommen?

Ein Beispiel:

1. Sie nehmen folgenden Gedanken wahr: »Ich will diesen anstrengenden Kunden nicht anrufen!«

2. Wie wirkt er auf Sie? Vielleicht einengend? Ist er Ihrem Ziel förderlich? Wohl kaum. Geht es Ihnen mit dem Gedanken gut? Wahrscheinlich nicht.

3. Wie verhalten Sie sich, wenn Sie das denken? Sie begegnen diesem Kunden nicht offen, blockieren sich, wirken vielleicht sogar unsicher oder sind ungeduldig.

4. Wie würden Sie sich verhalten, wenn Sie das nicht dächten? Sie würden ihm freundlich und locker begegnen, sich auf das Gespräch mit dem Kunden freuen, wären offen für seine Worte.

5. Welcher Gedanke wäre also hilfreicher? Zum Beispiel: »Ich bin gespannt, wie das Gespräch verläuft, und vielleicht entdecke ich ganz neue Seiten an dem Kunden.«

6. Aber was ist Denken überhaupt? Denken ist ein Vorgang, der sich aus inneren Bildern, Vorstellungen, Erinnerungen, Worten und Erkenntnissen zusammensetzt.

7. Wo kommt so ein Gedanke her? Z. B. können ihn spontane Einfälle, Gefühle oder Personen hervorrufen. Oder Sie entwickeln ihn abstrakt-konstruktiv. Neben dem automatischen Denken, das unbewusst, absichtslos, unwillkürlich und mühelos abläuft, gibt es nämlich noch das kontrollierte Denken, das bewusst, absichtlich, freiwillig und aufwendig ist.

Fest steht: Der Mensch hat ziemlich viele Gedanken. Der englische Physiker Robert Hooke berechnete im 17. Jahrhundert die »Zahl der Gedanken, die der Mensch fassen und speichern kann«. Er kam immerhin auf stolze 3 155 760 000. Doch Hooke unterschätzte unser Gehirn. Heute wissen wir, dass sich unser Gehirn aus 100 Milliarden (eine Eins mit elf Nullen!) Neuronen zusammensetzt und dazwischen 100 Billionen (14 Nullen!) Verbindungen bestehen.

Jedes Neuron Ihrer Großhirnrinde steht in Kontakt zu 10.000 bis 20.000 Kollegen, die sich mithilfe Dutzender Botenstoffe ständig Nachrichten schicken. Die Möglichkeiten unseres Gehirns sind schier unbegrenzt.

Und das ist gut so. Schließlich muss uns das Gehirn ja am Leben halten. Das rationale Denken ist dabei übrigens nur eine Nebenfunktion! Und da verwundert es auch nicht, dass unser Gehirn 20 Prozent der gesamten Energie unseres Körpers verbraucht – obwohl es nur zwei Prozent von dessen Gewicht ausmacht. 60 bis 80 Prozent dieser Hirn-Energie verbraucht dabei die Kommunikation zwischen den Neuronen. Und die verstummt nie, egal, ob Sie eine Denksportaufgabe lösen, diskutieren, lachen oder schlafen. Erstaunlicherweise geht dabei weniger als ein Prozent für die Verarbeitung äußerer Eindrücke drauf. Dazu zählt beispielsweise auch das Lesen schwieriger Texte. Unser Gehirn arbeitet immer. Es kennt keine Pausen. Selbst wenn wir versuchen, an gar nichts zu denken, verbraucht unser Oberstübchen jede Menge Energie.

Und denken Sie daran: Ihre Gedanken erzeugen Gefühle – sogar recht starke. Probieren Sie doch folgendes Experiment: Stellen Sie sich vor, Sie spucken ein paarmal in ein Glas und dann trinken Sie Ihre Spucke aus dem Glas. Welches Gefühl entsteht? Ekel? Das ist doch irgendwie verrückt! Sie haben das Ganze ja nur in Ihren Gedanken getan und dennoch Ekel gefühlt. Abgesehen davon: Wir schlucken doch den ganzen Tag über unsere Spucke! Warum also nicht Spucke trinken?

Mein Tipp: Denken Sie nicht zu viel! Denn durch das Denken verpassen Sie die Gegenwart, weil Sie geistig entweder in der Vergangenheit oder in der Zukunft sind. Leben Sie öfter mal ganz bewusst in der Gegenwart, indem Sie spüren, fühlen und atmen. Und sich nur darauf konzentrieren. Denken Sie zum Beispiel einfach nur: »Ich atme ein … ich atme aus …« So kommen Sie ins Jetzt, ins Sein.

Die folgenden Übungen helfen Ihnen, bewusster zu denken, Ihre Gedanken zu steuern und einen inneren Zustand zu erlangen, aus dem heraus Sie sich gut motivieren können.

(15) Je fremder, desto besser
Interessieren Sie sich für andere Meinungen und Verhaltensweisen!

Haben Sie schon mal erlebt, dass Sie etwas gesagt oder getan haben, und ein anderer meinte nur: »Das ist falsch.« Oder: »Das hast du falsch gemacht!« Oder: »Neeee … Das kannst du nicht so sehen!« Wie fühlt sich das an? Nicht so klasse, oder? Wir fühlen uns nicht besonders wertgeschätzt und ernst genommen. Es demotiviert und sorgt für Spannungen in der Beziehung zu dieser Person.

Wie oft beurteilen wir Menschen und ihre Denk- oder Verhaltensweisen als »falsch«? Wir sprechen von falschen Ansichten, falschen Ergebnissen, falschen Informationen, falschen Überzeugungen, falschem Verhalten. Wenn andersherum unsere eigenen Denk- oder Verhaltensweisen als falsch verurteilt werden, erleben wir Enttäuschung oder sogar Wut und denken: »Wie kann der das wissen! Meine Überzeugung ist völlig richtig und logisch! Bei mir ist nichts falsch!« Klar, schließlich haben Sie Ihre eigene Sicht der Dinge. Sie haben Ihre Erfahrungen gemacht und so Ihr persönliches Bewertungssystem entwickelt. Und danach sortieren Sie Situationen und Menschen ratzfatz in Schubladen.

Und oft hilft es Ihnen sogar, schnell urteilen zu können, damit Sie schnell handeln können. Wenn Sie beispielsweise bemerken, wie ein Fremder nach dem Portemonnaie in Ihrer Tasche greift, wäre es sehr hilfreich, diesen Menschen sofort als Taschendieb einzuordnen und entsprechend zu reagieren.

Oft schadet es aber auch, auf seinem Standpunkt zu beharren, denn schließlich können uns andere Perspektiven sehr bereichern. Indem wir uns für die Sichtweise unseres Gegenübers interessieren, fördern wir außerdem unsere Beziehung zu diesem Menschen.

> Indem wir uns für die Sichtweise unseres Gegenübers interessieren, fördern wir außerdem unsere Beziehung zu diesem Menschen.

65

Wenn Sie künftig etwas als »falsch« beurteilen wollen und Ihnen schon ein: »Das ist falsch!« oder: »Das haben Sie falsch gemacht!« oder: »Das sehen Sie falsch!« auf der Zunge liegt, ziehen Sie schnell die Sprechbremse, schalten Sie Ihr Gehirn ein und sagen Sie stattdessen: »Das ist interessant. Wie kommen Sie darauf?« oder: »Wie sind Sie weiter vorgegangen?« Beobachten Sie, was sich durch die »Das-ist-interessant-Haltung« verändert.

Vielleicht haben Sie schon jetzt eine Vorstellung, wie sich Ihre Beziehung, Ihre Kommunikation, Ihre Zusammenarbeit mit diesem Menschen verändern könnte. Ahnen Sie, dass Ihnen diese Haltung Möglichkeit schenken wird, tatsächlich neue Sicht- und Denkweisen kennenzulernen? Etwas völlig Neues kann entstehen, ein kreativer Denkprozess kommt in Gang, und das Verständnis füreinander wächst.

FRUSTIKUS: Also, das siehst du völlig falsch!

MOTIVIAN: Aha, das ist ja interessant. Wie kommst du zu dieser Ansicht?

FRUSTIKUS: Na, weil es doch Situationen gibt ... hey ... Moment mal ...

MOTIVIAN: Ja?

FRUSTIKUS: Ich merke das! Du hast mir diese Frage gestellt, wie ich zu dieser Ansicht komme ...

MOTIVIAN: Ja, das stimmt! Und wie hat das auf dich gewirkt?

FRUSTIKUS: Hmhm ... ich bin jetzt etwas verwirrt. Ich gebe zu, es fühlt sich gut an, weil ich mich ernst genommen fühle. Dabei wollte ich dir eigentlich gerade widersprechen.

MOTIVIAN: Na, dann nur zu!

FRUSTIKUS: Also gut, es mag Situationen geben, in denen es hilfreich ist, nicht alles gleich als »falsch« zu bewerten, sondern sich dafür zu interessieren, wie der andere zu seinem Standpunkt kommt. Aber es gibt auch Dinge, die sind eindeutig falsch! Zum Beispiel ist 1+1 gleich 2. Daran gibt es nichts zu rütteln!

MOTIVIAN: Ein gutes Beispiel! Und du meinst, das sei eindeutig? Ich sage: 1+1=10.

FRUSTIKUS: Was soll der Blödsinn? Das ist doch ganz klar falsch!

MOTIVIAN: Warte mal ab. Wie denkst du darüber: 01+01=10

FRUSTIKUS: Ich bin verwirrt … Wieso jetzt diese Nullen? Nullen haben keine Bedeutung! Sie sind nix … eben null.

MOTIVIAN: Verwirrung ist ein guter Zustand, weil man aus seinen gewohnten Denkbahnen geworfen wird. Und wie denkst du darüber?

FRUSTIKUS: Immer noch falsch … Daran können auch die Nullen nix ändern.

MOTIVIAN: Schade, du bist schon wieder zurück auf deiner gewohnten Denkbahn. Und wie ist es hiermit: 001+001=010?

FRUSTIKUS: Mir dämmert was …

MOTIVIAN: Und zwar was?

FRUSTIKUS: Du veräppelst mich!

MOTIVIAN: Wie kommst du darauf?

FRUSTIKUS: Du rechnest im Binärsystem, ich rechne im Dezimalsystem.

MOTIVIAN: Aha! Im Binärsystem ist die Aufgabe 1+1=10 nämlich richtig, denn eine Zehn bedeutet im Binärsystem dasselbe wie eine Zwei im Dezimalsystem. Folglich hast du mein Ergebnis als falsch bewertet, weil du in einem anderen System gedacht hast.

FRUSTIKUS: Ich bin ja schließlich kein Computer, für den wäre es natürlich sofort klar.

MOTIVIAN: Genau. Hättest du mich gleich gefragt, wie ich auf das Ergebnis 1+1=10 komme, hätte ich dir geantwortet, dass ich im Binärsystem denke, und dann wäre gleich alles klar gewesen.

FRUSTIKUS: Hmhm. Nenn mir noch ein Beispiel!

MOTIVIAN: Nehmen wir ein ganz einfaches: Lange glaubten die Menschen, die Erde wäre flach wie eine Scheibe. Manche Gelehrten mussten mit ihrem Leben dafür bezahlen, wenn sie behaupteten, dass sei falsch.

FRUSTIKUS: Für diese mutigen Menschen wäre es sicher besser gewesen, wenn man sich dafür interessiert hätte, wie sie zu ihrer Erkenntnis gekommen waren.

»Denken ist schwer, darum urteilen die meisten.«

C.G. JUNG (1875-1961)

MOTIVIAN: Ja, vor allem, wenn man sich mit dieser Erkenntnis auch ernsthaft auseinander gesetzt hätte.

FRUSTIKUS: Je mehr ich darüber nachdenke, desto wichtiger erscheint mir, sich des Bewertungssystems bewusst zu sein, in dem man lebt und denkt und dieses auch zu hinterfragen.

MOTIVIAN: Dass diese Erkenntnis gerade von dir kommt, lieber Frustikus, freut mich ganz besonders.

Jetzt motivier' ich mich selbst:

Das habe ich zuletzt als falsch »abgestempelt«:

_____

Das habe ich gelernt, seitdem ich mich dafür interessiere:

_____

(16) Gut gesagt
Setzen Sie bewusst eine positive Sprache ein – und verbessern Sie so Ihr Leben!

Es ist doch schade: Eigentlich wollen wir etwas Positives sagen, benutzen dafür aber negative Formulierungen. Ein Beispiel: Sie haben für ein paar Freunde gekocht. Der eine sagt: »Schmeckt nicht schlecht.« Ein anderer sagt: »Schmeckt lecker!« Fühlen Sie den Unterschied? Drücken Sie Lob nicht durch die Verneinung eines negativen Wortes aus. Also: Loben Sie mal ausdrücklich mit positiven Worten – und zwar sowohl die anderen als auch sich selbst! Sagen Sie »klasse!«, statt »nicht übel«, »das ist goldrichtig« statt »das ist nicht verkehrt« und »das ist klug oder schlau!« statt »das ist nicht dumm!«

> »*Sprich, damit ich dich sehe!*«
>
> ARISTOTELES (384-322 V. CHR.)

Wenn Sie eine positive Sprache bewusst einsetzen, wird auch Ihr Denken positiver. Sie betonen das Positive in Ihrem Leben nicht nur stärker, sie geben ihm auch mehr Raum – und nehmen dadurch mehr Positives wahr. Mit einer positiven Sprache können Sie sich auch viel leichter motivieren. Wie wirkt es auf Sie, wenn Sie zum Beispiel denken: »Ich bin gar nicht schlecht darin, mich auf etwas zu konzentrieren.« Und wie wirkt es so: »Ich bin gut darin, mich auf etwas zu konzentrieren!«?

An der Art und Weise, wie eine Person spricht, erkennen wir, wie sie denkt, wie sie die Welt sieht. Hören Sie mal genau hin und Sie werden Interessantes entdecken.

Jetzt motivier' ich mich selbst:

Notieren Sie Ihre »Top Drei« der Negativ-Formulierungen und »übersetzen« Sie diese in eine positive Sprache. (Es können Ihre eigenen Formulierungen sein oder auch die anderer.)

_____

(17) Sich keinen (fremden) Kopf machen

Finden Sie heraus, in wessen Angelegenheiten Sie sich einmischen – und lassen Sie diese hinter sich!

Vielleicht stellen Sie auch fest, dass wir uns manchmal den Kopf anderer Menschen zerbrechen. Dabei haben wir doch mit unserem eigenen wirklich schon genug zu tun! Dennoch mischen wir uns mit unseren Gedanken, Worten und Handlungen immer wieder in fremde Angelegenheiten ein – obwohl es uns selten guttut. Ja, manchmal leiden wir sogar regelrecht unter den Angelegenheiten eines anderen. Wir denken immerzu, was der andere tun, lassen, anfangen oder ändern sollte. Aber es ist nicht unsere Angelegenheit. Es ist ihre oder seine!

Nach Byron Katie, der Begründerin der psychologischen Methode THE WORK, gibt es drei verschiedene Angelegenheiten: Meine, deine und die des Universums. Wenn Sie ein unangenehmes Gefühl in sich bemerken, fragen Sie sich, um wessen Angelegenheit es geht. Wenn es seit Tagen regnet, ist es die Angelegenheit des Universums. Wenn Ihr Nachbar seinen Rasen nicht mäht, ist es die Angelegenheit Ihres Nachbarn. Und wessen Angelegenheit ist es, worüber Sie sich ärgern? Ihre! Und nur das können Sie aktiv gestalten und verändern. Bleiben Sie also bei sich und Ihren Angelegenheiten. Sie tragen weder die Verantwortung für den Regen noch für Ihren Nachbarn. Übernehmen Sie die Verantwortung für Ihren eigenen Wirkungskreis, statt zu überlegen, was das Universum oder der Nachbar tun sollte.

> *»Es ist nicht deine Aufgabe, mich zu mögen – es ist meine.«*
>
> BYRON KATIE (*1942)

In diesem Zusammenhang ist es auch interessant, zu prüfen, wie oft Sie unaufgefordert Ratschläge erteilen, weil Sie die Angelegenheit des anderen zu Ihrer eigenen machen. Woher wissen Sie, dass der andere an Ihrer Empfehlung interessiert ist? Vielleicht fragen Sie ihn einfach mal. Dann bekommen Sie (vielleicht) die Erlaubnis, sich in seine Angelegenheit einzubringen. Und wenn Sie Ihren Rat gegeben haben, überprüfen Sie doch mal, ob er Ihnen vielleicht auch bei Ihren eigenen Angelegenheiten nützlich sein könnte.

Wenn Sie sich öfter vor Augen führen, in wessen Angelegenheit Sie sich gerade einmischen, können Sie sich gezielt auf Ihre eigenen Angelegenheiten konzentrieren. Und haben wieder mehr Energie für Ihr Leben! Und vielleicht spüren Sie auch eine neue Gelassenheit, wenn Sie sich aus den Angelegenheiten der anderen wieder heraushalten.

Jetzt motivier' ich mich selbst:
Um diese Angelegenheiten kümmere ich mich gerne:

Das sind meine fünf wichtigsten eigenen Angelegenheiten, für die nur ich Verantwortung trage:

(18) Zeit für den Soll-Bruch
Erleichtern Sie Ihr Leben, indem Sie überlegen, was Sie wirklich tun sollten – und was nicht!

Was sollten Sie denn so? Sollten Sie mehr Sport treiben? Sollten Sie abnehmen? Sollten Sie mehr Zeit mit Ihrer Familie verbringen? Sollten Sie sich nach einem besseren Job umschauen? Sollten Sie endlich mal den Keller ausmisten? Sollten Sie Ihr Englisch aufpolieren? Sollten Sie öfter mal »Nein« sagen und sich mehr um Ihre Bedürfnisse kümmern? Sollten Sie mehr Disziplin haben, oder sollten Sie ordentlicher sei? Dieses »Sollte« steht für Dinge, von denen wir glauben, sie tun zu müssen – aber sie dann (meistens) doch nicht angehen. Deshalb führen »Ich sollte ...«-Sätze zu Frust. Sie nagen an unserem Selbstwertgefühl, weil wir es eben einfach nicht gebacken bekommen. Das ewige schlechte Gewissen, dieser Druck, den wir damit aufbauen, kostet enorm viel Energie und Lebensfreude.

Das ewig schlechte Gewissen, dieser Druck, den wir damit aufbauen, kostet enorm viel Energie und Lebensfreude.

Kennen Sie Ihre »Ich-Solltes«? Schreiben Sie unten alles auf, was Sie tun sollten. Und dann nehmen Sie sich die Liste vor und markieren alle »Ich-Solltes«, die Sie schon länger als ein Jahr mit sich herumschleppen. Und dann streichen Sie diese Sätze durch. Beschließen Sie, dass Sie das NICHT sollten. Denn wenn Sie es im letzten Jahr nicht begonnen haben, scheint es nicht wichtig genug zu sein. Also weg damit. Wie fühlt sich das jetzt an? Spüren Sie Erleichterung? Oder hören Sie eine innere Stimme rufen: »NEEEEIN, das darfst du nicht streichen, das ist doch wichtig!«? Wenn Sie Erleichterung spüren, prima! Freuen Sie sich über die Entlastung. Regt sich in Ihnen aber Widerstand, dann formulieren Sie den »Ich sollte …«-Satz um. Und zwar so, dass ein attraktives und konkret umsetzbares Ziel daraus wird.

FRUSTIKUS: Nee, also da muss ich mich jetzt mal wieder zu Wort melden!

MOTIVIAN: Das dachte ich mir.

FRUSTIKUS: Das ist doch Blödsinn! Wenn ich mich zu etwas motivieren will, dann doch deshalb, weil ich etwas sollte.

MOTIVIAN: Wie meinst du das konkret? Gib mir doch mal ein Beispiel!

FRUSTIKUS: Na, zum Beispiel sollten wir abnehmen.

MOTIVIAN: Oha! Wie lange sollten wir das denn schon?

FRUSTIKUS: Also seit mindestens vier Jahren steht das ganz oben auf unserer Liste.

MOTIVIAN: Und hat es irgendetwas gebracht – außer ein bisschen Jojo-Effekt?

FRUSTIKUS: Nein, das ist ja das Problem. Irgendetwas stimmt da nicht mit unserer Motivation.

MOTIVIAN: Also, streichen wir es von unserer Liste und verabschieden uns endgültig von Kleidergröße 38.

FRUSTIKUS: Hey, du spinnst wohl! Was bist du überhaupt für einer! Du bist doch hier für die Motivation verantwortlich! Wenn du unsere Ziele einfach streichst, ist das nun wirklich nicht hilfreich.

MOTIVIAN: Naja, eben doch. Wenn wir schon so lange »ich sollte abnehmen« denken, und es zu keinem Ergebnis führt, dann kann es sehr erleichternd sein, sich davon zu befreien.

FRUSTIKUS: Na toll! Dann kannst du dich darauf gefasst machen, dass sich unser innerer Gesundheitsmanager und unsere innere Beauty-Beauftragte und noch einige andere hier gleich einmischen und vehement für das Abnehmen plädieren werden.

MOTIVIAN: Okay! Ich spüre den Widerstand. Also, dann lass uns das Thema richtig angehen. Wir streichen es von der »Ich-sollte-Liste« und formulieren stattdessen ein attraktives und konkret umsetzbares Ziel.

FRUSTIKUS: Und wie?

MOTIVIAN: Zum Beispiel so: Ich achte auf meinen Körper und meine Gesundheit, damit ich mich fit und in meiner Haut wohlfühle. Konkret werde ich Folgendes tun: Ich melde mich zu einer Ernährungsberatung an, ich nutze jede Gelegenheit, mich zu bewegen (ich freue mich über jede Treppe, fahre mehr Fahrrad, gehe mehr Wege zu Fuß), ich belege einen Sportkurs, der mir Spaß bereitet, ich umgebe mich mit Menschen, die sich viel bewegen und auf ihren Körper und ihre Ernährung achten.

> *»Ein MUSS ist ein MUS(S)TER – nämlich ein Gedankenmuster.«*
>
> NICOLA FRITZE

FRUSTIKUS: Und dann?

MOTIVIAN: Nun geben wir uns drei Wochen Zeit, um diese Ideen umzusetzen oder zumindest die ersten Schritte zu gehen. Stellen wir in drei Wochen fest, dass wir gar nix von alldem getan haben, noch nicht einmal einen kleinen Schritt in diese Richtung, dann streichen wir dieses Ziel. Es ist uns dann offensichtlich einfach nicht wichtig genug – zumindest zu diesem Zeitpunkt. Also entlasten wir uns. Wir haben ja die Möglichkeit, uns dieses Ziel später wieder vorzunehmen.

FRUSTIKUS: Ich gebe zu, das klingt fair.

73

MOTIVIAN: Also, dann los. Knöpfen wir uns nach und nach jedes »Ich-Sollte« auf der Liste vor, das beim Durchstreichen einen Widerstand in uns auslöst. Und wenn wir keinen großen Widerstand spüren, können wir dieses »Ich-sollte« durchstreichen und uns über die erleichternde Erkenntnis freuen, dass es uns eigentlich doch nicht so wichtig ist.

FRUSTIKUS: Ja, dann bleibt uns auch mehr Energie für unsere echten Ziele!

MOTIVIAN: Du hast es erkannt!

 **Jetzt motivier' ich mich selbst:**
Meine »Ich sollte …«–Liste:

Ich sollte _____

Ich sollte _____

Ich sollte _____

Ich sollte _____

Ich sollte _____

Meine neu formulierten konkret umsetzbaren Ziele:

_____

(19) Gedanken-Jonglage
Glauben Sie Ihren Gedanken nicht immer! Denken Sie doch mal das Gegenteil!

Immer wieder rauben uns Gedanken Kraft, bremsen uns aus und demotivieren uns. Wir denken: »Die gönnt mir meinen Erfolg nicht.« Oder: »Er liebt mich eben einfach nicht mehr.« Das Blöde an diesen Gedanken: Wir glauben sie. Dabei vergessen wir aber, dass sie oft nur Interpretationen sind und mit der Wahrheit kaum etwas zu tun haben. Wenn wir an diese Gedanken glauben, berauben wir uns unserer Wahlfreiheit: Wir können die Realität nämlich immer auch anders interpretieren. Wie können wir unsere Wahlfreiheit zurückgewinnen und uns nicht mehr von Gedanken runterziehen lassen?

Zum Beispiel so: Verdrehen Sie die Gedanken, kehren Sie sie ins Gegenteil um und überprüfen Sie jedes Mal, ob an diesen verdrehten Gedanken auch ein Funken Wahrheit dran ist. Aus: »Der gönnt mir meinen Erfolg nicht!« wird: »Ich gönne mir meinen Erfolg nicht.« Oder: »Ich gönne ihm den Erfolg nicht.« Oder: »Ich gönne ihm dem Erfolg.« Oder: »Er gönnt sich seinen Erfolg.« Oder, oder, oder … Und wahrscheinlich ist – wenn Sie genau darüber nachdenken – an jedem Gedanken ein Funke Wahrheit dran. Noch ein Beispiel, bei dem aus: »Er sollte zuverlässiger sein« ein »ICH sollte zuverlässiger sein« wird. Ist da vielleicht auch was dran? Oder: »Ich sollte unzuverlässiger sein.«

Ich staune immer wieder darüber, dass – wenn wir ganz ehrlich mit uns selbst sind – an allen Verdrehungen etwas Wahres dran ist. Jeder Gedanke hat seine Wahrheit. Wenn man sich das bewusst macht, verlieren absolute Gedanken wie: »Er sollte zuverlässiger sein« an Bedeutung. Und dadurch wiederum verändert sich unser Verhalten.

Also: Jonglieren Sie spielerisch mit den Gedanken, wirbeln Sie sie durcheinander, um zu überprüfen, was noch alles wahr sein könnte.

Wie können wir unsere Wahlfreiheit zurückgewinnen und uns nicht mehr von Gedanken runterziehen lassen?

FRUSTIKUS: Also, das ist doch einfach lächerlich!

MOTIVIAN: Ach ja? Wie kommst du darauf?

FRUSTIKUS: Fröhliches Sätzeverdrehen für ein stressfreies Miteinander? Also ehrlich! Da beschummelt man sich doch selbst.

MOTIVIAN: Erklär mir, was du meinst!

FRUSTIKUS: Na, nehmen wir dieses Beispiel: »Er sollte zuverlässiger sein.« Und dann verdrehen wir den Satz zum Beispiel in: »Ich sollte zuverlässiger sein.« Das ist doch Blödsinn! Wir SIND zuverlässig! Also ist dieser Satz nicht wahr!

MOTIVIAN: Ganz ehrlich? Sind wir IMMER zuverlässig?

FRUSTIKUS: Na, klar, frag doch mal unsere Freunde! Die werden es dir bestätigen.

MOTIVIAN: Wir waren noch niemals ein klein wenig unzuverlässig?

FRUSTIKUS: Jetzt willst du es aber genau wissen!

MOTIVIAN: Ja, denn darum geht es. Ich bin mir sicher, dass wir auch schon mal zu spät dran waren, eine Vereinbarung nicht eingehalten oder einen Rückruf vergessen haben.

>>*Das Problem entsteht, wenn du deine Gedanken glaubst, wenn du dich damit identifizierst.*«

BYRON KATIE (*1942)

FRUSTIKUS: Ja, das mag sein … Aber das ist doch wirklich die ganz seltene Ausnahme!

MOTIVIAN: Das mag sein, und genau darum geht es. Der Satz: »Ich sollte zuverlässiger sein« stimmt also auch für uns.

FRUSTIKUS: Nee, nee … So billig kommst du mir nicht davon. Kann ja sein, dass wir auch manchmal unzuverlässig sind. Aber wirbeln wir den Satz doch noch etwas weiter und kommen zu dem Satz: »Ich sollte unzuverlässiger sein« – das ist doch totaler Quatsch. Was soll daran schon wahr sein?

MOTIVIAN: Was wäre denn, wenn wir öfter mal unzuverlässig wären?

FRUSTIKUS: Hmhm. Dann wären wir unzuverlässigen Personen gegenüber vermutlich sehr viel gelassener. Mit so einer eigenen »Kommst du heute nicht, kommst du morgen«-Haltung kann man sich über andere unzuverlässige Menschen ja nicht ärgern.

MOTIVIAN: Das ist doch interessant, findest du nicht? Trägt der Satz: »Ich sollte unzuverlässiger sein« dann vielleicht doch einen Funken Wahrheit in sich?

FRUSTIKUS: Vielleicht.

MOTIVIAN: Mit einem »Vielleicht« bin ich voll und ganz happy. Das heißt, dass du es immerhin für möglich hältst, und damit hat kein Satz mehr Anspruch auf die absolute Wahrheit. Du ziehst Alternativen in Erwägung – und darum geht es.

FRUSTIKUS: Irgendwie entspannt mich das.

MOTIVIAN: Ziel erreicht!

Jetzt motivier' ich mich selbst:
Mein Gedanke:

_____

Meine Gedanken-Jonglage zu diesem Gedanken:

_____

(20) Ziele loslassen (, um sie zu erreichen)
Schaffen Sie mehr, indem Sie weniger wollen!

Es gibt Gedanken, die beißen sich so richtig fest in unseren Gehirnwindungen. Ihretwegen jagen wir etwas hinterher, das wir doch nie zu greifen bekommen. Fast scheint es, als entfernte sich immer weiter, was wir so sehr ersehnen. Und wir werden immer verzweifelter und immer fixierter. Wahrscheinlich haben Sie das auch schon einmal erlebt: Jemand lernt eine tolle Frau oder einen tollen Mann kennen und starrt am nächsten Tag gebannt auf das Telefon und denkt nur daran, wann sie/ihn dieser wunderbare Mensch endlich anruft. Oder ein Langzeit-Single, der sich eine Beziehung so sehr wünscht, dass er immer verkrampfter wird und deswegen erst recht niemanden findet. Und in dem Moment, wo er lockerlässt und sein Single-Dasein sogar genießt, erscheint wie aus dem Nichts eine Traumfrau oder ein Traummann. In meinen Vorträgen lerne ich immer wieder viele Verkäufer kennen, die mir bestätigen, dass sie nicht gut verkaufen, wenn sie sich immer stärker auf dieses »Ich muss jetzt verkaufen« fixieren. Sie setzen sich zunehmend unter Druck, verkrampfen und verzweifeln. Das spüren die Kunden und bleiben eher zurückhaltend. Wann immer unser Tun und Handeln einen zu hohen emotionalen Stellenwert für uns hat, behindern wir es.

> Wann immer unser Tun und Handeln einen zu hohen emotionalen Stellenwert für uns hat, behindern wir es.

Anstatt also etwa zu denken: »Ich will jetzt unbedingt einen Partner«, wäre der Gedanke: »Ich brauche nicht unbedingt einen neuen Partner, ich kann auch alleine glücklich sein« sehr viel nützlicher. Soll heißen: Lassen Sie los und entspannen Sie sich. Das bedeutet nicht, dass Sie kein Interesse an der Sache haben sollten. Sie können fest zu etwas entschlossen sein und doch innerlich und emotional frei bleiben – sich also nicht krampfhaft auf das Ziel fixieren. Menschen, die fixiert und verzweifelt sind, sagen: »Wenn das nichts wird, weiß ich nicht mehr weiter.« Entschlossene, innerlich freie Menschen sagen: »Irgendwie wird das schon klappen.«

FRUSTIKUS: Das kann doch nicht dein Ernst sein, dass man sich zurücklehnen soll – nach dem Motto: »Das wird schon irgendwie klappen!«

MOTIVIAN: Da hast du natürlich recht! So geht das nicht. Genauso wenig funktioniert es, fünf Minuten sein Spiegelbild anzugrinsen und sich selbst immer wieder zu sagen, dass man ja soooo motiviert ist.

FRUSTIKUS: Also, was sollen wir denn nun ganz genau tun? Dieses »Loslassen« ist mir nicht geheuer.

MOTIVIAN: Das Wichtigste ist, nicht in diese Falle zu tappen, in der man sich sagt: »Das muss klappen, das muss so sein, und nur dann kann ich glücklich sein.«

FRUSTIKUS: Und was ist nun besser?

MOTIVIAN: Man tut alles in seiner Macht Liegende, damit es klappen kann, und dann entspannt man sich und sagt sich: »Ich brauche es nicht unbedingt, um glücklich zu sein.« Man lässt es los. Das Leben soll kein Kampf sein.

FRUSTIKUS: Also, wenn ich eine Beziehung will, dann gehe ich aus, lerne Menschen kennen, mache mich schick und dann sage ich mir: »Ich kann aber auch ohne Beziehung glücklich sein«?

> *»Wer loslässt, hat die Hände frei für Neues.«*
> CHINESISCHES SPRICHWORT

MOTIVIAN: Ganz genau! Man engagiert sich, und dann lässt man den Dingen seinen Lauf. Das ist keine Gleichgültigkeit, es bedeutet nur, dass man nichts erzwingt und dadurch Energie verliert.

FRUSTIKUS: Und wenn jemand für eine Prüfung lernt, die er unbedingt schaffen will, dann lernt er so viel er kann, und dann entspannt er sich und lässt der Prüfung ihren Lauf?

MOTIVIAN: So ist es. Dann ist er auch in der Prüfung viel entspannter, wenn er sich klar macht, dass er alles getan hat und sein Leben letztendlich nicht davon abhängt.

FRUSTIKUS: Das leuchtet mir ein.

 **Jetzt motivier' ich mich selbst:**
Dafür möchte ich mich engagieren:

_____

Das tue ich alles dafür:

_____

Das sage ich mir, um loszulassen und meinen Kopf frei zu bekommen:

_____

(21) Bitte wenden
Nehmen Sie Krisen zum Anlass, die Richtung zu ändern!

Wenn die Zeiten hart sind, wenn wir Krisen durchleben, dann lernen wir am meisten. Überlegen Sie mal: Wann haben Sie die wichtigsten Entscheidungen Ihres Lebens getroffen? Wahrscheinlich nachdem Sie irgendwie am Boden lagen. Nach einer kleinen oder großen Krise. Wann fangen wir an, uns endlich gesünder zu ernähren und Sport zu treiben? Zum Beispiel, wenn uns der Arzt einen schlechten Befund vorlegt und uns dabei sehr ernst in die Augen blickt. Wann geben wir uns in unserer Partnerschaft wieder Mühe? Wenn sie auf wackligen Füßen steht und wir unseren Partner nicht verlieren wollen. Wann verbessern wir den Kundenservice? Nachdem uns Kunden verlassen haben. Diese Reihe ließe sich noch endlos fortsetzen.

Wenn wir also Krisen rückblickend betrachten, erkennen wir, dass sie oft der Auslöser für einen Wendepunkt in unserem Leben waren. Wir sind Gewohnheitstiere, und wir wiederholen eine Sache/ein Verhalten so lange, bis wir gezwungen werden, uns zu ändern. Je gründlicher wir die ersten Warnsignale ignorieren und lieber bei unserer Gewohnheit bleiben, desto heftiger erwischt uns dann die Krise. Wenn wir uns aber schon beim ersten Tritt vors Schienbein fragen: »Wie muss ich mein Denken und mein Handeln jetzt ändern? Wie kann ich anders werden, als ich jetzt bin?«, dann nutzen wir das Potenzial der Krise konstruktiv, anstatt durchs Jammertal zu wandern und uns zu fragen: »Warum passiert so etwas immer ausgerechnet mir?«Wenn wir die ersten Signale ignorieren, wird die Veränderung, die die Krise auslösen könnte, sehr schmerzhaft, und wir sträuben uns umso mehr dagegen. Machen Sie sich also bewusst, dass jedes Ereignis das Potenzial hat, uns zu verändern

> Handeln Sie, als hätte jedes Ereignis einen Sinn, und Ihr Leben wird immer mehr Sinn bekommen.

und unsere persönliche Entwicklung voranzutreiben. Und das größte Potenzial dazu haben Krisen. Handeln Sie, als hätte jedes Ereignis einen Sinn, und Ihr Leben wird immer mehr Sinn bekommen.

Finden Sie heraus, warum Sie eine bestimmte schlechte Erfahrung machen müssen. Bewältigen Sie diese und gehen Sie so gestärkt aus jeder Krise hervor.

Und übrigens: Wenn wir wachsen wollen, müssen wir Neuland betreten. Klar, dass wir uns dort erst mal nicht so wohl und sicher fühlen und etwas Mut brauchen. Doch irgendwann wird auch aus diesem Neuland eine Heimat für uns.

FRUSTIKUS: Das ist doch mein Job! Zusammen mit meinem Kollegen, dem Perfektionisten, suche ich immer danach, was wir besser machen können, was wir verändern können!

MOTIVIAN: Ja, das stimmt! Ihr spielt bei Krisen eine wichtige Rolle. Manchmal tragt ihr maßgeblich dazu bei, dass wir in eine Krise geraten. Und dann zeigt ihr uns aber auch, was anders werden muss, damit wir wieder herauskommen.

FRUSTIKUS: Schön, dass das hier auch mal gesagt wird!

»Krise ist ein produktiver Zustand, man muss ihr nur den Beigeschmack einer Katastrophe nehmen.«

MAX FRISCH (1911-1991)

 **Jetzt motivier' ich mich selbst:**

Krisen, die mich gestärkt und meinem Leben eine neue Richtung gegeben haben:

_____

Was ich aus einer aktuellen problematischen Situation für mich lernen kann:

_____

(22) Aus »oje« wird jetzt »aha«
Seien Sie neugierig und freuen Sie sich auf Unerwartetes!

Wir können Ereignissen in unserem Leben unterschiedlich begegnen und sie unterschiedlich bewerten. Entweder mit einem »Oje!« oder mit einem »Aha!«. »Aha« ist ein Ausdruck von Neugier.

»Aha« ist Ausdruck von Neugier.

Neugierig sein heißt: sich wundern können, immer wieder Spannendes entdecken, offen sein für das Unbekannte und Ungewohnte. Neugierde gibt uns die Chance, zu lernen, uns weiterzuentwickeln. Vor Unerwartetem haben wir meistens eher Angst. Wir streben nach Sicherheit und wollen lieber alles beim Alten lassen. Aber dadurch entgeht uns manche Möglichkeit.

FRUSTIKUS: Ich denke, hier wäre ein Beispiel gut. Das ist so abstrakt!

MOTIVIAN: Gerne. Stell dir vor, du kommst ins Büro und erfährst, dass alles neu organisiert wird und es künftig keine Einzelbüros, sondern nur noch ein Großraumbüro geben wird.

FRUSTIKUS: Ach, du Schreck! Oje, das wäre ja grauenvoll!

MOTIVIAN: Deine Reaktion ist nur eine von vielen möglichen. Die interessante Frage ist: Wie geht es dir mit deinem »Oje«?

»Wer sich nicht mehr wundern kann, ist seelisch bereits tot.«
ALBERT EINSTEIN (1879-1955)

FRUSTIKUS: Diese Frage ist ja wohl überflüssig!

MOTIVIAN: Du würdest auf die neue Situation also lieber auf eine Weise reagieren, mit der es dir etwas besser geht?

FRUSTIKUS: Noch so eine überflüssige Frage!

MOTIVIAN: Dann denk doch mal »aha« anstatt »oje«.

FRUSTIKUS: Was soll das schon ändern? Die Situation ist doch, wie sie ist.

MOTIVIAN: Ja, das stimmt. Nur bewertest du sie mit einer Aha-Haltung anders. Probier es doch einfach mal aus!

FRUSTIKUS: Also gut! Wir ziehen jetzt also in ein Großraumbüro. Aha … na, da bin ich mal gespannt.

MOTIVIAN: Gespannt sein ist genau das Richtige! Worauf bist du ganz konkret gespannt?

FRUSTIKUS: Na, ich bin gespannt, wie es sein wird in so einem Großraumbüro und was die sich einfallen lassen werden, damit der Geräuschpegel nicht so hoch ist. Ich bin neugierig darauf, wie ich meinen Platz so einrichte, dass ich mich dort wohlfühle und darauf, wie sich die Kommunikation untereinander dann vielleicht auch verändert.

MOTIVIAN: Klasse! Und wie geht es dir mit diesen Gedanken?

FRUSTIKUS: Ich bin tatsächlich neugierig … Es geht mir ganz gut damit.

MOTIVIAN: So soll es sein! Lass uns also Neues in unserem Leben immer erst mal mit einem »Aha, ich bin gespannt …« begrüßen – und lass uns die Möglichkeiten entdecken, die uns das Neue bietet.

FRUSTIKUS: Na, da bin ich mal gespannt.

Jetzt motivier' ich mich selbst:

Meine »Oje-Gedanken«:

_____

_____

Meine »Aha-Gedanken«:

_____

_____

(23) Nie wieder nie

Entlarven Sie Verallgemeinerungen – bei anderen und bei sich selbst!

Verallgemeinerungen sind Wörter wie IMMER, ALLE, KEINER, NIE. Diese Wörter können nicht der Wahrheit entsprechen. Aber sie können ein ungutes Gefühl in uns erzeugen, weil sie uns glauben lassen, dass etwas gar nicht anders sein KANN. Diese fiesen kleinen Wörter können daher handfeste Konflikte auslösen.

Zum Beispiel: »Du schreibst NIE das Protokoll!« Oder: »Nach 19 Uhr will KEIN Kunde mehr von mir angerufen werden, die wollen ALLE ihre Ruhe!« Oder: »Du kommst IMMER zu spät!« Oder: »Du kochst NIE Kaffee nach, wenn er alle ist«. Na, wie hört sich das an? Das ist Konfliktpotenzial vom Allerfeinsten! Und genau das können Sie vermeiden, wenn Sie nicht verallgemeinern, sondern jede Angelegenheit differenziert betrachten.

> Jedes Wort, jeder Gedanke erzeugt eine Wirkung.

Auch in unseren inneren Dialogen verallgemeinern wir gerne und demotivieren uns mit Sätzen wie: »Ich stell mich aber auch IMMER so blöd an.« Und so klingt es schon anders: »Ich stell mich MANCHMAL blöd an.« Noch besser wäre: »Ich kann mich auch besser anstellen.« Wenn Sie also diese fiesen kleinen Wörter IMMER, NIE, ALLE und Co. hören oder denken, hinterfragen Sie sie mal ganz gezielt. Und zwar so: »Wirklich ALLE?! Ohne Ausnahme?« oder: »Wirklich NIEMALS?« Jedes Wort, jeder Gedanke erzeugt eine Wirkung.

Achten Sie darauf, im Gespräch mit anderen wie auch im Gespräch mit sich selbst, Worte und Formulierungen bewusst einzusetzen und so mit Ihrer Sprache eine möglichst positive Wirkung zu erzeugen.

FRUSTIKUS: Tja, was soll ich dazu sagen? Erwischt! Das ist genau meine Ausdrucksweise. Ich bekenne mich schuldig.

MOTIVIAN: Es freut mich, dass du das gleich erkennst.

> *»Die Sprache ist die Quelle aller Missverständnisse.«*
>
> ANTOINE DE SAINT-EXUPÉRY
> (1900-1944)

FRUSTIKUS: Ja, aber ich mache das doch nicht in böser Absicht. Ich formuliere wahrscheinlich gerne in Verallgemeinerungen, weil es einfacher ist und weil es dramatischer klingt. Ich glaube, dass ich so eher etwas bewirken kann.

MOTIVIAN: Nun weißt du, was es tatsächlich bewirkt. Es tut einfach nicht gut, zu hören: »Du stellst dich immer so dämlich an!« Das ist demotivierend. Wenn du willst, dass sich etwas ändert, sag es so, dass es uns nicht die Stimmung vermiest, sondern uns anspornt, etwas zu ändern.

FRUSTIKUS: Ich werde mein Bestes geben …

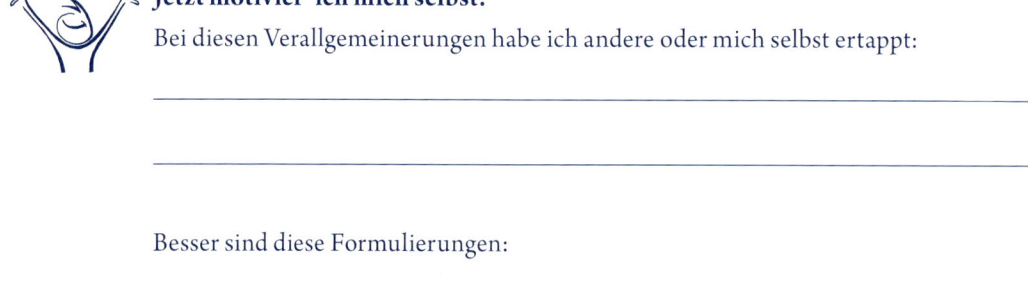

Jetzt motivier' ich mich selbst:

Bei diesen Verallgemeinerungen habe ich andere oder mich selbst ertappt:

_____

_____

Besser sind diese Formulierungen:

_____

_____

NOCH UND NÖCHER: NOCH

(24) Noch und nöcher: Noch

Sagen und denken Sie öfter mal dieses kleine Zauberwort – und tanken Sie neuen Mut!

Vielleicht geht es Ihnen wie den meisten Menschen, und Ihr Frustikus ist sehr streng mit Ihnen und sagt öfter Dinge wie: »Du musst dich mehr anstrengen, damit du einen gescheiten Job bekommst!« Vielleicht hören Sie von Ihren inneren Stimmen eher selten so nette Sachen wie: »Das hast du jetzt richtig gut gemacht.«

Dabei sollten Sie zu sich selbst doch genauso nett sein wie zu anderen. Deshalb ist es so wichtig, dass Sie sich Ihre inneren Dialoge bewusst machen und die negativen Botschaften umformulieren. Denn wenn Sie die negativen Selbstbotschaften auf eine konstruktive und fördernde Weise verändern, hat das positive Folgen sowohl für Ihr Wohlbefinden als auch für Ihre Selbstmotivation.

> Das »noch« deutet an, dass wir bereits auf dem Weg sind, etwas zu ändern.

Und wie können Sie diese gemeinen Botschaften verändern? Zum Beispiel durch das Zauberwörtchen »noch«. Damit können Sie die Botschaften Ihres inneren Kritikers auf ganz einfache, aber sehr wirkungsvolle Weise verändern.

Zum Beispiel so:

Spüren Sie einmal den folgenden Sätzen nach:

»Ich habe keinen Job.« → »Ich habe NOCH keinen Job.«

»Ich habe keinen Partner.« → »Ich habe NOCH keinen Partner.«

»Ich kann das nicht.« → »Ich kann das NOCH nicht.«

»Ich kann mich nicht zum Sport aufraffen.« → »Ich konnte mich bisher NOCH nicht zum Sport aufraffen.«

»Ich sehe verschlafen aus.« → »Ich sehe NOCH verschlafen aus.«

Merken Sie, welchen Unterschied dieses kleine Wörtchen bewirkt? Für die meisten Menschen ist er sofort spürbar. Das Wort »noch« öffnet Türen für Veränderungen.

»Behandle die Menschen so, als wären sie, was sie sein sollten, und du hilfst ihnen zu werden, was sie sein können.«

JOHANN WOLFGANG VON GOETHE (1749-1832)

Durch diese Ergänzung ist eine Aussage nicht mehr in Stein gemeißelt. Das »noch« deutet an, dass wir bereits auf dem Weg sind, etwas zu ändern.

Und wahrscheinlich haben Sie schon bemerkt, dass dieses Zauberwort auch im Gespräch mit anderen sehr nützlich ist. Zum Beispiel könnte einer sagen: »Ich bin heute überhaupt nicht motiviert!« Und Sie könnten ihn daraufhin fragen: »Du bist also noch nicht motiviert. Und was könntest du jetzt tun, um deine Motivation zu steigern?«

FRUSTIKUS: Ich bin ja schon ganz still.

MOTIVIAN: Das sollst du gar nicht sein. Deine Kritik ist ja durchaus auch hilfreich. Ganz besonders dann, wenn du sie mit dem kleinen »noch« formulierst.

FRUSTIKUS: Es kommt mir langsam so vor, als müsste ich eine neue Sprache lernen. Keine Verallgemeinerungen, dieses »noch«…

MOTIVIAN: Wenn ich dir beim Vokabellernen helfen soll, sag mir Bescheid!

 **Jetzt motivier' ich mich selbst:**

Was ich NOCH nicht kann oder weiß:

_____

_____

(25) Im Zweifel für den Zweifel
Hinterfragen Sie, was Sie für wahr halten!

Sie finden die Idee komisch? Nun, vielleicht ändert sich das bald. Denn durch den Zweifel können wir Wahrheit festigen und Lügen entlarven. Wir werden jeden Tag mit Informationen bombardiert, die angeblich stimmen – und zwar zweifelsfrei: Wir lesen etwas Schwarz auf Weiß in einer Zeitung, wir sehen einen Bericht im Fernsehen, hören einen Beitrag im Radio und glauben, was wir sehen und hören, sei die Wahrheit. Doch oft gibt es DIE EINE Wahrheit gar nicht. Deswegen ist es spannend, einmal zu hinterfragen, was denn eigentlich sicher ist.

Welche Behauptungen und Informationen in Ihrem Leben sind mit absoluter Gewissheit wahr? Hinterfragen Sie nicht nur Meldungen und Informationen von außen, sondern auch die Gedanken in Ihrem Kopf. Die halten wir nämlich auch gerne für die absolute Wahrheit. Und diese Haltung beeinflusst unser Verhalten, unsere Kommunikation mit anderen – und auch die Art, wie wir mit uns selbst umgehen.

> Glauben Sie nicht alles – aber glauben Sie immer an sich selbst!

Hegt zum Beispiel jemand den Gedanken, eine andere Person sei ihm gegenüber negativ eingestellt, verhält er sich ihr gegenüber anders – womöglich unsicherer – als wenn er sich geschätzt glaubt. Wer denkt, er habe zwei linke Hände, benimmt sich auch anders, als wenn er sich für talentiert hält. Also: Glauben Sie nicht alles – aber glauben Sie immer an sich selbst!

Zweifeln Sie hin und wieder an Ihren Gedanken und auch an Informationen von außen! Und seien Sie gespannt, wohin Sie diese Zweifel führen werden – was Sie auf einmal entdecken und erkennen.

FRUSTIKUS: Ha, endlich mal wieder etwas, das mir liegt! Zweifeln kann ich gut!

MOTIVIAN: Ja, es ist meistens nützlich, dass du das tust! Besonders gut zweifelst du an unseren Fähigkeiten. Das ist oft weniger hilfreich. Es wäre klasse, wenn du stattdessen öfter an unseren Wahrheiten zweifeltest. Vor allem an den Wahrheiten, die uns bedrücken. Und bitte zweifle auch mehr an den angeblich wahren Informationen, die wir von anderen bekommen.

»Zweifle nicht an dem, der dir sagt, er hat Angst, aber hab Angst vor dem, der dir sagt, er kenne keinen Zweifel.«

ERICH FRIED (1921-1988)

FRUSTIKUS: Oh, meine Kompetenzen werden also erweitert! Ich darf noch mehr zweifeln?

MOTIVIAN: Ja, denn damit eröffnest du uns neue Denkwege und ermöglichst uns neue Verhaltensweisen.

FRUSTIKUS: Na, dann gibt es viel zu tun!

 **Jetzt motivier' ich mich selbst:**

Was ich bisher für wahr gehalten habe:

_____

Erkenntnisse, die ich durch mein Zweifeln gewonnen habe:

_____

(26) Alternativen-Entdecker werden
Sie haben immer die Wahl – also entdecken Sie mehr Alternativen!

Denken Sie manchmal, Sie hätten keine andere Wahl? Es gäbe nur diese eine Möglichkeit, diesen einen Ausweg? Dann suchen Sie so lange, bis Sie Alternativen entdecken. Denn es gibt immer noch andere Wege, und Sie haben immer die Wahl!
So werden Sie zum Alternativen-Entdecker:
1. Nehmen Sie wahr, was sonst noch da ist: Öffnen Sie all Ihre Sinne, weiten Sie den Blick, spitzen Sie die Ohren, erschnuppern Sie eine neue Fährte. Was ist noch da?

Fragen Sie sich:

1. Was müsste ich tun, damit meine Lage schlimmer wird?
2. Wie würde ein Außenstehender meine Situation erleben?
3. Wie werde ich in zehn Jahren über die aktuelle Situation denken?

   Sofort gewinnen Sie neue Blickwinkel. Beachten Sie immer: Je mehr Stress Sie empfinden, desto enger wird Ihre Wahrnehmung.

   Bleiben Sie deshalb locker in den Knien, atmen Sie aus, entspannen Sie Ihre Schultern und entdecken Sie neue Sichtweisen.

2. Denken Sie über den Tellerrand hinaus. Wir alle haben Vorstellungen, Erwartungen und Befürchtungen von der Zukunft. Lassen Sie sich davon nicht einengen. Gewöhnen Sie sich an, über den Tellerrand hinaus zu denken. Entwickeln Sie zu jedem Ihrer Gedanken Alternativen. Wie könnte es noch gehen? Und wie noch? Und wie noch ganz anders?

> Je mehr Stress Sie empfinden, desto enger wird Ihre Wahrnehmung.

3. Wenn zwei sich streiten, freut sich der Dritte Ob in der Ehe, im Beruf oder sonst wo: Bei Meinungsverschiedenheiten treffen zwei unterschiedliche Standpunkte aufeinander. Es gibt scheinbar nur zwei Alternativen. Der Alternativen-Entdecker denkt sich: Vielleicht hat ja keiner von uns beiden recht. Lockern Sie also die Konfrontation auf, indem Sie gemeinsam mindestens zwei andere Standpunkte oder Alternativen entwickeln.

FRUSTIKUS: So einfach ist das nicht mit den Alternativen! Manchmal gibt es nämlich einfach keine.

MOTIVIAN: Ja, vielleicht gibt es ein paar Ausnahmen, wobei man wirklich keine Wahl hat. Ich bin mir aber nicht sicher. Gib doch mal ein Beispiel. Wann glaubst du, hat man keine Alternativen?

91

FRUSTIKUS: Nehmen wir an, da lebt jemand mit seiner Familie in einem Haus und muss eine hohe Hypothek abtragen. Dafür hat er auch einen gut bezahlten Job, aber der Job bereitet ihm gar keinen Spaß mehr. Er würde lieber kündigen und sich voll und ganz seinem Hobby, der Malerei hingeben. Da er damit aber vermutlich kein oder zu wenig Geld verdient, bleibt ihm nichts anderes übrig, als den Job zu behalten, der ihm keinen Spaß macht. Schließlich trägt er ja die Verantwortung für seine Familie und muss die Hypothek tilgen. Also hat er keine Wahl.

MOTIVIAN: Ein spannendes Beispiel – und wahrscheinlich gibt es einige Menschen, die in einer ähnlichen Lage stecken. Doch natürlich gibt es auch hier Alternativen, und diese Menschen haben die Wahl!

FRUSTIKUS: Na, jetzt bin ich aber gespannt!

MOTIVIAN: Es ist eine Frage des Preises.

FRUSTIKUS: Was für ein Preis?

»Ganz gleich, wie trüb die Dinge aussehen oder wirklich sind. Heben Sie Ihren Blick und sehen Sie die Möglichkeiten – tun Sie das immer, denn auch Möglichkeiten gibt es immer.«

NORMAN VINCENT PEALE, PFARRER (1898-1993)

MOTIVIAN: Bin ich bereit, den Preis dafür zu zahlen, dass ich einem Job nachgehe, der mir keinen Spaß macht und dafür mit meiner Familie in einem schönen Haus lebe?

FRUSTIKUS: Ach, das meinst du …

MOTIVIAN: Genau. Oder bin ich bereit, das Haus zu verkaufen, mit meiner Familie in eine Vier-Zimmer-Wohnung zu ziehen und meinen beruflichen Traum zu verwirklichen?

FRUSTIKUS: Die Frage ist ja, ob die Familie auch dazu bereit wäre!

MOTIVIAN: Allerdings! Es gibt natürlich auch noch andere Möglichkeiten: Ich kann mir einen anderen Job suchen, der mir mehr Spaß macht und mehr Zeit für die Malerei lässt, dafür aber vielleicht nicht ganz so viel einbringt.

FRUSTIKUS: Und dafür in Kauf nehmen, dass die Partnerin und die Familie grollen …

MOTIVIAN: Ja, vielleicht. Vielleicht auch nicht, weil sie sich darüber freuen, dass der Partner wieder glücklicher und ausgeglichener ist.

FRUSTIKUS: Also gut, ich sehe ein: Es gibt irgendwie doch immer Alternativen, und wir haben die Wahl, wenn wir bereit sind, dafür auch einen gewissen Preis zu bezahlen.

MOTIVIAN: So ist es. Und manchmal kann der Preis auch sehr hoch sein.

Jetzt motivier' ich mich selbst:

In dieser Situation meinte ich bislang, keine Wahl zu haben:

_____

Diese Alternativen habe ich noch entdeckt:

_____

(27) Bloß keine Sorge!
Machen Sie sich keinen Kummer – handeln Sie lieber!

Natürlich haben wir – objektiv betrachtet – das eine oder andere handfeste Problem. Das Problem mit den Problemen: Durch unsere Sorgen machen wir sie oft größer, als sie es sind. Und manchmal erschaffen wir auch welche, wo eigentlich gar keine vorhanden sind. Wer sich sorgt, löst kein Problem, sondern verschwendet Gedanken und Kraft. Um Sorgen zu haben, muss man sich Sorgen MACHEN – die deutsche Sprache verdeutlicht es wunderbar. Wir machen uns unsere Sorgen selbst. Wir glauben: Wenn wir uns sorgen, zeigen wir, dass wir die Dinge nicht auf die leichte Schulter nehmen. Aber allein

> Gestalten Sie Ihre Zukunft aktiv mit, statt sich darüber Sorgen zu machen!

durch das Sorgenmachen lösen wir kein Problem. Probleme lösen wir, indem wir handeln. Wenn wir uns sorgen, erzeugen wir Druck, Angst, Ohnmacht, Engsichtigkeit.

Keine guten Voraussetzungen, um ins Handeln zu kommen und ein Problem zu lösen.

Sorgen entspringen unseren Gedanken und Vorstellungen, der dunklen Seite unserer Fantasie. Wie oft ist das, worüber Sie sich gesorgt haben, tatsächlich eingetreten? Nur sehr wenige Sorgen werden tatsächlich wahr. Jede noch so kleine Tat bewirkt mehr

> *»Halte dir jeden Tag dreißig Minuten für deine Sorgen frei und mache in dieser Zeit ein Nickerchen.«*
>
> ABRAHAM LINCOLN,
> US-PRÄSIDENT (1809-1865)

als alle Sorgenspinnereien zusammen. Sorgen Sie sich gerade um etwas? Dann stellen Sie sich doch mal genau vor, wie alles gut laufen könnte. Denken Sie nur an positive Szenarien. Wie ist das? Vermutlich fühlt sich das besser an … »ABER«… werden Sie jetzt vielleicht denken … »Das ist doch Quatsch, da mache ich mir doch nur was vor!« Stimmt. Und mit Ihren Sorgen machen Sie sich ganz genauso etwas vor – nur eben nicht in die positive Richtung, sondern in die negative. Beide Denkweisen entspringen Ihrer Fantasie. Aber die Wirkung der inneren Bilder und Gedanken ist eine völlig andere. Sie haben die Wahl! Für welche Sicht entscheiden Sie sich?

Machen Sie ein kleines Experiment: Denken Sie an etwas, über das Sie sich bisher Sorgen gemacht haben. Nehmen Sie wahr, wie negativ Ihre Vorstellungen dazu sind. Nehmen Sie sich etwas Zeit, um zu spüren, welche körperlichen Reaktionen diese Vorstellungen in Ihnen hervorrufen. Lassen Sie dann diese Bilder, Gedanken und Körperreaktionen an dem Ort, wo Sie sich gerade befinden. Und zwar wörtlich: Wechseln den Stuhl oder auch nur Ihre Körperhaltung. Nehmen Sie eine andere Position ein und stellen Sie sich nun mit derselben Intensität positive Möglichkeiten und Aspekte vor. Sie sind es natürlich nicht gewohnt, so zu denken, daher fühlt es sich anfangs vielleicht komisch an. Spüren Sie auch hier wieder Ihre Körperreaktionen. Wie geht es Ihnen dabei? Können Sie Ihre Situation in diesem Zustand vielleicht besser meistern? Gestalten Sie Ihre Zukunft aktiv mit, statt sich darüber Sorgen zu machen!

Statt zu sagen: »Ich mache mir Sorgen, dass mein Kind keinen Ausbildungsplatz bekommt«, sagen Sie: »Ich kümmere mich darum, dass mein Kind die optimale Unterstützung bekommt, die es für seine Bewerbungen braucht.«

Jetzt motivier' ich mich selbst:

Darüber mache ich mir im Moment Sorgen:

_____

Das werde ich konkret tun, um etwas zu verändern:

_____

(28) Schlimmer geht's immer …
Vergrößern Sie Ihre Probleme, um Lösungen zu finden!

Klingt im ersten Moment nicht so richtig verlockend, oder? Tatsächlich verbirgt sich dahinter jedoch ein wirksamer Coaching-Ansatz.

Wir kommen manchmal nicht so recht aus unserem Problemdenken heraus. Von Zeit zu Zeit steigern wir uns sogar in einer regelrechte »Problemtrance«. Wir tun uns schwer, eine Lösung zu finden, weil wir den Wald vor lauter Bäumen nicht sehen. Vielleicht auch, weil wir uns ein wenig ohnmächtig fühlen und glauben, wir könnten nichts tun.

Sollten Sie sich mal wieder in so einem Zustand befinden, dann stellen Sie sich folgende Fragen:

1. Was müsste ich tun, um das Problem zu verschlimmern?
2. Wie müsste ich denken, damit sich das Problem als unlösbar darstellt?
3. Wie könnten mich andere dabei unterstützen, um es noch größer zu machen?
4. Nehmen wir an, die Situation bliebe so, wie sie jetzt ist. Wie wäre es dann in fünf oder zehn Jahren?
5. Was ist das Gute an dem Problem? Wovor schützt es mich? Was bewahrt es?
6. Wofür wäre es gut, das Problem noch eine Weile zu behalten?
7. Wenn das Problem plötzlich weg wäre, ich es aber noch einmal haben wollte, was müsste ich dann tun?

> Wenn Sie eine Situation verschlimmern können, heißt das gleichzeitig, dass Sie die Situation beeinflussen können.

Diese Fragen verdeutlichen Ihnen schnell Ihre »Selbstwirksamkeit«. Das heißt: Sie werden sich wieder bewusst, dass Sie selbst etwas bewirken können. Denn: Wenn Sie eine Situation verschlimmern können, heißt das gleichzeitig, dass Sie die Situation beeinflussen können.

Und wenn Sie in die eine Richtung etwas ändern, dann funktioniert es auch in die andere Richtung. Die Gedankenschleifen werden aufgebrochen, und die Synapsen in Ihrem Gehirn kommen wieder in Betrieb.

Und wenn Sie die Antworten auf die sieben Fragen einfach nur umkehren, finden Sie ganz schnell Lösungen.

FRUSTIKUS: Das gefällt mir! Darin bin ich gut!

MOTIVIAN: Na, bestens! Probier es doch mal gleich aus!

FRUSTIKUS: Na, dann mal her mit einem Problem!

MOTIVIAN: Wie wäre es hiermit: Mein neuer Chef ist voll daneben, der demotiviert mich so richtig. Ich habe gar keinen Bock mehr, in die Firma zu gehen.

FRUSTIKUS: Hi, hi … das klingt irgendwie komisch, wenn DU sowas sagt.

MOTIVIAN: Ja, ja … ist jetzt nur mal so zur Probe. Also bitte schön: Mach es schlimmer!

FRUSTIKUS: Es wäre noch schlimmer, wenn mir mein Chef auch noch das Gehalt kürzen würde …

MOTIVIAN: Stopp! Das gilt nicht.

FRUSTIKUS: Warum nicht?

MOTIVIAN: Na, weil nicht DU das Gehalt kürzen würdest, sondern dein Chef. Bleib bei dir! Nur das, was DU noch verschlimmern könntest. Es geht ja darum, dass wir uns unserer Selbstwirksamkeit wieder bewusst werden.

FRUSTIKUS: Ach so … Hmhm. Also dann noch mal: Ich könnte alles andere auf der Arbeit ausblenden und mich nur noch auf den Chef fokussieren. Oder noch besser: Ich konzentriere mich nur noch auf die doofen Macken des Chefs. Ich könnte so oft wie möglich daran denken, dass ich komplett von ihm abhängig bin. Ich könnte mir morgens beim Aufstehen schon die Visage vom Chef vorstellen und mir ausmalen, womit er mich wohl heute runterziehen wird. Ich könnte …

MOTIVIAN: Super! Das reicht schon.

FRUSTIKUS: Schade, ich war gerade so richtig in Fahrt …

MOTIVIAN: So, und wenn du jetzt all deine Ideen auf den Kopf stellst, dann findest du eine konkrete Anleitung, wie du deine Motivation steigern kannst.

FRUSTIKUS: Hey, das ist doch dein Job!

MOTIVIAN: Okay. Ich wäre motivierter, wenn ich mich nicht nur auf meinen Chef fokussierte, sondern auch wahrnähme, was sonst noch da ist. Zum Beispiel die netten Kollegen oder Kunden.

FRUSTIKUS: Aha.

MOTIVIAN: Ich könnte auch mal nach angenehmen Seiten des Chefs suchen.

> *Man kann meist viel mehr tun, als man sich gemeinhin zutraut.*
>
> AENNE BURDA, VERLEGERIN
> (1909-2005)

FRUSTIKUS: Du kannst ihn auch zu deinem Lernpartner machen – das hatten wir doch oben schon besprochen.

MOTIVIAN: Auch eine sehr gute Idee!

FRUSTIKUS: Naja, ist schon klar. Wir haben die Verantwortung für unseren inneren Zustand. Und wenn wir das nächste Mal in der Problemtrance festhängen, dann machen wir es einfach schlimmer, stellen anschließend alles auf den Kopf und haben dann die Lösung.

MOTIVIAN: Besser hätte ich es auch nicht ausdrücken können.

Jetzt motivier' ich mich selbst:
Das ist mein Problem:

_____

So kann ich es noch größer und schlimmer machen:

_____

Umkehrung: So kann ich das Problem »einschrumpfen« oder lösen:

_____

(29) Im Lösen liegt die Lösung
Denken Sie nicht in Problemen, sondern in Lösungen – und laden Sie auch andere dazu ein!

Das lösungsorientierte Denken und Kommunizieren sorgt doch immer wieder für wundervolle Erkenntnisse und Fortschritte. Wenn Ihnen das nächste Mal jemand sagt, er habe ein Problem, dann fragen Sie doch mal: »Und was wäre eine gute Lösung?« Wenn der andere daraufhin sagt: »Wenn ich eine Lösung wüsste, würde ich dich doch nicht fragen!«, dann bleiben Sie dran: »Ich kann mir vorstellen, dass du vielleicht schon eine winzige Ahnung hast, wie dieses Problem gelöst werden könnte. Wie könnte diese Lösung denn in etwa aussehen?« Oder: »Und was glaubst du, wäre meine Idee von einer Lösung?« Diese Fragen helfen, andere zum selbstständigen Denken zu aktivieren. Und wenn der andere dann eben doch selbst Lösungsideen entwickelt, stärkt es sein Selbstvertrauen. Wenn Führungskräfte Ihren Mitarbeitern auf diese Weise begegnen, entsteht eine neue Ebene der Kommunikation und der Zusammenarbeit.

Führungskräfte aktivieren ihre Mitarbeiter zum selbstständigen, lösungsorientierten Denken und verhindern, dass Mitarbeiter wegen jeder Frage zu ihnen kommen.

Und es gibt noch eine sehr nützliche, lösungsorientierte Frage: »Was kann ich tun, damit …?«

Ein paar Beispiele:

Die Chefin ist von Ihrem Vorschlag nicht so richtig überzeugt? Fragen Sie sie: »Was kann ich tun, um Sie von meinem Vorschlag zu überzeugen?« Der Kunde ist von Ihrem Angebot nicht überzeugt und zählt immer wieder die Vorteile Ihres Wettbewerbers auf. Fragen Sie ihn: »Was kann ich tun, damit Sie mein Angebot annehmen?«

> Wenn Führungskräfte Ihren Mitarbeitern auf diese Weise begegnen, entsteht eine neue Ebene der Kommunikation und der Zusammenarbeit.

Ihre Mitarbeiterin leistet weniger und wirkt demotiviert? Fragen Sie sie: »Was kann ich tun, damit Sie wieder richtig durchstarten können?« Oder ganz allgemein: Jemand sagt: »Das geht nicht.« Fragen Sie: »Was kann ich tun, damit es geht?« Hier passt auch eine andere gute Frage, und zwar: »Und wie könnte es vielleicht doch gehen?«

Oder: Ihr Partner hat wieder einen wichtigen Termin von Ihnen vergessen. Fragen Sie ihn: »Was kann ich tun, damit du dir meine Termine besser merkst?«

Und natürlich hilft es, seine eigenen inneren Dialoge ebenfalls lösungsorientiert zu gestalten.

FRUSTIKUS: Ja, ja … ist ja gut. Ich fühle mich ja schon angesprochen. Ich bin eben nicht so der Lösungsdenker. Ich denke eher: »Das kannst du nicht«, »Das schaffst du nicht«, »Du bist nicht gut genug«, »Du bist nicht kompetent genug«, »Du hast zu wenig Erfahrung«…

MOTIVIAN: Bitte, hör auf! Das ist ja grauenhaft!

FRUSTIKUS: Tja, wie es aussieht, muss ich schon wieder eine neue Sprache lernen.

MOTIVIAN: Was hältst du von einer kleinen »Übersetzungsübung«?

FRUSTIKUS: Ha, ha, ha! Ich kann es kaum erwarten! Mein Herz hüpft vor Freude!

MOTIVIAN: Ach, komm. Nur so zum Spaß!

FRUSTIKUS: DU machst mir Spaß.

MOTIVIAN: Das nehme ich als Kompliment.

FRUSTIKUS: Das habe ich befürchtet.

MOTIVIAN: Also, los geht's. Wir übersetzen deine Problem-Sätze in lösungsorientierte Sätze.

»*Die Neugier steht immer an erster Stelle eines Problems, das gelöst werden will.*«

GALILEO GALILEI (1564-1642)

FRUSTIKUS: Von mir aus. Also: Was kann ich tun, damit ich es kann? … Was für ein bescheuerter Satz …

MOTIVIAN: Egal, mach einfach weiter!

FRUSTIKUS: Wie kann ich es vielleicht doch schaffen? Was kann ich tun, damit ich gut genug werde? Wie kann ich meine Kompetenz steigern? Wie kann ich mir zu mehr Erfahrungen verhelfen?

MOTIVIAN: Erstklassig!

FRUSTIKUS: Hmhm … ist aber ganz schön anstrengend, so zu denken.

MOTIVIAN: Klar, ist ja auch noch ungewohnt.

Diese Fragen eröffnen neue Wege, schaffen Optionen, regen den Gesprächspartner an und natürlich auch Sie selbst. Der Fokus liegt auf dem Ziel, auf dem Ergebnis. Probieren Sie es aus!

Jetzt motivier' ich mich selbst:

Meine Erfahrungen mit den lösungsorientierten Fragen:

_____

_____

Das ist meine Lieblingsfrage geworden:

_____

_____

(30) Müssen ist kein Muss

Ersetzen Sie jedes »Müssen« durch ein »Können«, »Wollen« oder »Dürfen« – beim Sprechen und in Gedanken!

Hören Sie Ihren inneren Stimmen und anderen Menschen mal genau zu: »Ich muss noch einen Kunden anrufen«, »Ich muss früh aufstehen«, »Ich muss erst frühstücken«, »Ich muss einkaufen gehen«, »Ich muss meine E-Mails checken«. Manch einer »muss sogar einer Einladung zum Essen nachkommen« oder MUSS noch Urlaub nehmen dieses Jahr, MUSS die Blumen gießen und MUSS Essen kochen ... Achten Sie mal darauf! »Müssen« ist ein sehr beliebtes Wort.

»*Kein Mensch muss müssen!*«
GOTTHOLD EPHRAIM LESSING
(1729-1781)

Natürlich gibt es einige Tätigkeiten, um die man nicht drumherum kommt. Doch es ist nicht sinnvoll, jede Tätigkeit als ein »Muss« zu sehen und dadurch auch als ein »Muss« zu erleben. Wer ständig etwas MUSS, empfindet seine Handlungen als Pflicht. Sein Leben erscheint ihm fremdbestimmt und bietet scheinbar wenige Wahlmöglichkeiten.

Aber was wäre eigentlich, wenn wir mal nicht täten, was wir tun zu müssen glauben? Oder anders ausgedrückt: Jemand sagt, er MÜSSE seine E-Mails checken – was geschähe, wenn er es einfach bleiben ließe?

Ersetzen Sie das »Müssen« durch »KÖNNEN«, »DÜRFEN« oder »WOLLEN«. Unsere Worte beeinflussen nicht nur unsere Gedanken und unsere Sicht der Dinge.

Unsere Worte erzeugen auch Gefühle. Hören und fühlen Sie den Unterschied: »Ich muss meine E-Mails checken« im Vergleich zu »Ich will meine E-Mails checken«. Ein anderes Beispiel: »Ich muss noch frühstücken« oder: »Ich kann noch frühstücken«. Fühlen Sie den Unterschied? Dieser Austausch eines einzigen Worts eröffnet uns eine Welt der Wahlmöglichkeiten. Auf einmal treffen wir eigene Entscheidungen. Wer ein »Ich muss« durch ein »Ich will« ersetzt, der verwandelt den inneren Druck, etwas zu tun, in ein inneres Bedürfnis.

Wer ein »Ich muss« durch ein »Ich will« ersetzt, der verwandelt den inneren Druck, etwas zu tun, in ein inneres Bedürfnis.

Es ist sehr ungewohnt, auf das »Müssen« zu verzichten, doch lassen Sie sich mal darauf ein: »Ich will morgen früh aufstehen. Dann kann ich noch frühstücken, und dann darf ich zur Arbeit fahren.« Na, wie hört sich das an? Vielleicht ein bisschen komisch? Sie meinen, »arbeiten DÜRFEN« – das gehe nun wirklich zu weit? Sie meinen, Sie MÜSSEN ja nun mal arbeiten? Überlegen Sie mal: Es gibt genug, Menschen, die NICHT arbeiten DÜRFEN oder KÖNNEN ...

Wenn Sie dieses Experiment durchführen, werden Sie staunen. Denn es wirkt sich auf Ihre Motivation aus. Und es wird Ihnen auffallen, wie viele Menschen sich das Leben mit unzähligen »MÜSSEN« erschweren.

MOTIVIAN: Hallo?

FRUSTIKUS: Was soll ich dazu sagen? »Müssen« ist eines meiner Lieblingswörter, und ich finde es echt schwer, darauf zu verzichten.

MOTIVIAN: Und?

FRUSTIKUS: Was und? Ich muss es halt mal ausprobieren.

MOTIVIAN: Was sagst du da?

FRUSTIKUS: Ach so … ich meine natürlich, ich WILL es mal ausprobieren.

MOTIVIAN: Du machst Fortschritte.

FRUSTIKUS: Ich habe ja schon gelernt, dass es motiviert, wenn man auf seine Fortschritte achtet.

MOTIVIAN: Nur weiter so!

Jetzt motivier' ich mich selbst:

Notieren Sie, was Sie zu »müssen« glauben und ersetzen Sie das »Müssen« durch ein »KÖNNEN«, »WOLLEN« oder »DÜRFEN«.

Ich muss: _____

Ich kann: _____

Ich muss: _____

Ich will: _____

Ich muss: _____

Ich darf: _____

(31) Was geht?
Besinnen Sie sich auf das, was Sie tun können! (Es gibt immer etwas!)

Kennen Sie Gedanken wie: »Ich schmeiß alles hin!«, »Ich kann nicht mehr!«, »Ich hau ab!«? Solche Gedanken gehören zum Leben und kommen uns vor allem dann in den Sinn, wenn unser Nervenkostüm fadenscheinig ist, wenn wir gestresst sind, unausgeschlafen und dann vielleicht auch noch eine schlechte Nachricht erhalten. Das Leben ist nun mal eine Achterbahn, ein ewiges Auf und Ab: Manchmal jauchzen wir vor Freude und manchmal kreischen wir vor Angst.

Doch auch wenn scheinbar alle Türen hinter uns zufallen – wir können immer neue Türen öffnen. Vorausgesetzt, wir stehen auf und suchen danach. Es geht immer weiter, wenn wir aktiv werden und eigenverantwortlich handeln.

Es geht immer weiter, wenn wir aktiv werden und eigenverantwortlich handeln.

Wir haben die Wahl: Wir können klagen und jammern oder Pläne schmieden und anpacken. Wir können Widerstand leisten und uns wehren oder unser Leben in die Hand nehmen. Wir können uns sorgen und schwarzsehen oder wir können entdecken und Neues gestalten.

Und noch ein Tipp: Blicken Sie in Ihrem Leben immer auf das, was geht. Es gibt immer irgendetwas, das funktioniert – und sei es auf den ersten Blick noch so unbedeutend. Zum Beispiel das Auto, das fährt, das Gehalt, das regelmäßig auf dem Konto eintrifft, der Körper, der das meiste mitmacht.

 **Jetzt motivier' ich mich selbst:**

Meine Problem-Situation:

_____

Was kann ICH tun, damit es mir ein wenig besser geht?

_____

Was brauche ich jetzt?

_____

Wie bekomme ich, was ich brauche?

_____

»*Es gibt mehr Leute, die kapitulieren, als solche, die scheitern.*«

HENRY FORD (1863-1947)

Handeln

Paul Watzlawick stellte fest, dass wir nicht nicht kommunizieren können. Ebenso wenig können wir uns auch nicht nicht verhalten. Das heißt: Wir verhalten uns immer – ob wir wollen oder nicht. Selbst wenn wir nichts tun, tun wir etwas – zum Beispiel herumstehen. Andere Menschen nehmen unser Verhalten wahr und bewerten es und reagieren darauf. Und natürlich sehen sie uns durch ihre eigenen Wahrnehmungsfilter – wie wir im Kapitel »Wahrnehmung« ja schon besprochen haben. Manchmal wirkt unser Verhalten auf eine Person anders, als wir es beabsichtigt haben. In solch einem Fall hilft es nicht, unserem Gegenüber die Schuld zu geben. Vielmehr sollten wir unser Verhalten überdenken und verändern, damit wir so »rüberkommen«, wie wir es wollen.

> Was ist mein Anteil an dieser Situation? Was trage ich dazu bei, dass sie so ist, wie sie gerade ist?

Dies ist eine wichtige Grundregel in der verbalen und nonverbalen Kommunikation: Wahr ist immer das, was der andere für wahr hält und versteht. Das Feedback des anderen zeigt uns, was er verstanden hat. Ist es etwas anderes, als das, was wir mitteilen wollten, ändern wir etwas an unserem Verhalten. Anders ausgedrückt: Wir haben immer einen Anteil an der Situation. Daher hilft es, sich in schwierigen Situationen zu fragen: »Was ist mein Anteil an dieser Situation?« und: »Was trage ich dazu bei, dass sie so ist, wie sie gerade ist?«

Wenn Sie demotiviert sind, fragen Sie sich mal, was Sie tun oder eben nicht tun, das daran schuld sein könnte. Wie ist zum Beispiel Ihre Körperhaltung? Wie laufen Sie durch die Welt? Aufrecht und voller Energie? Oder eher wie eine Marionette – mit hängenden Fäden? Sind Sie mit Ihren Gedanken bei der Sache? Tun Sie, was Sie sich vorgenommen haben, oder finden Sie immer neue Ausreden?

Unser Verhalten wird aber nicht nur von außen wahrgenommen und wirkt auch nicht nur auf andere. Wir erleben unser Verhalten natürlich auch selbst, und es wirkt auf unseren inneren Zustand.

Führen Sie doch mal dieses kleine Experiment durch: Pfeifen Sie ein fröhliches Liedchen und nehmen Sie dazu eine schlappe Depri-Körperhaltung ein. Geht das? Laufen Sie wie ein Sieger durch den Raum und denken Sie dabei an einen großen Misserfolg! Fällt Ihnen sofort einer ein? Setzen Sie sich an einen Tisch, legen Sie Ihren Kopf in die aufgestützten Hände, blicken Sie auf die Tischplatte, seufzen Sie ein paarmal und denken Sie an ein Erfolgserlebnis. Nicht so einfach, oder? Ihre Körperhaltung beeinflusst Ihre Gedanken und Ihre Stimmung. Daher ist es für Ihre Motivation wichtig, zu erkennen, welche Signale Ihr Körper gerade sendet. Und wenn jede Zelle Ihres Körpers gerade auf der »Null-Bock-Frequenz« schwingt, dann wechseln Sie schnell den Sender. Verändern Sie Ihre Haltung, bewegen Sie sich. Lassen Sie Ihre Zellen singen und springen. Das kommt Ihnen albern vor? Umso besser, denn dann können Sie sich auch nur schwer ein Grinsen verkneifen!

In den folgenden Kapiteln lade ich Sie dazu ein, sich Ihr Verhalten bewusst zu machen und es gezielt zu verändern, um motiviert das zu tun, was Sie sich vorgenommen haben.

(32) Tun kommt von Sein

Erkennen Sie Ihre einschränkenden Glaubenssätze – und formulieren Sie diese um!

Verhalten Sie sich so, wie Sie sind? Ja, ist doch klar! Wie sollen Sie sich auch sonst verhalten?! Die schwierige Frage: Wie sind Sie denn eigentlich? Und warum sind Sie so, wie Sie sind? Und gefällt es Ihnen, so zu sein, wie Sie sind?

Mithilfe der folgenden Fragen können Sie herausfinden, wie Sie sind:

1. Was haben Sie in Ihrer Kindheit oft über sich selbst gehört? Was haben beispielsweise Ihre Eltern häufig zu Ihnen gesagt?
2. Was stand in Ihren Schulzeugnissen über Sie? Wie schätzten Ihre Lehrer Sie ein?
3. Angenommen, man würde Ihre Oma oder Ihren Opa fragen, welche Talente sie in Ihnen sehen. Was würden sie antworten?
4. Angenommen, Sie setzten eine Kontaktanzeige auf: Wie würden Sie sich selbst beschreiben?
5. Was schätzen Ihre Freunde an Ihnen ganz besonders?
6. Was fällt Ihnen leicht, was können Sie gut?
7. Worauf sind Sie in Ihrem Leben richtig stolz und warum?
8. Was tun Sie gerne für andere?
9. Welche Spuren möchten Sie in dieser Welt hinterlassen? Was möchten Sie, das Ihre Enkelkinder später einmal über Sie und Ihr Leben sagen?

Gehen wir Ihrer Persönlichkeit noch etwas tiefer auf den Grund: Was glauben Sie? Jeder Mensch lebt nach seinen Glaubenssätzen. Kennen Sie Ihre Glaubenssätze?

> Jeder Mensch lebt nach seinen Glaubenssätzen. Kennen Sie Ihre Glaubenssätze?

Spüren Sie die Glaubenssätze auf, die Sie ausbremsen. Vervollständigen Sie spontan folgende Sätze:

Das Wichtigste im Leben ist ....

Liebe ist ....

Ich vermeide Situationen, in denen ....

Glück ist ....

Gefühle sind ....

Ich bin total unbegabt beim ....

Veränderung bedeutet ....

Ich brauche vor allem ....

Ich kann besonders gut ....

Ich habe Angst vor ....

Das Allerschwerste ist ....

Es ist so leicht, ...

Erfolg ist ....

Versagen bedeutet ....

Arbeiten bedeutet ....

Am meisten Sorgen mache ich mir um ....

Mir fällt es sehr schwer, ...

Geld bedeutet ....

Vertrauen ist ....

Schauen Sie sich Ihre Glaubenssätze noch einmal genau an:

~ Welcher Glaubenssatz gefällt Ihnen nicht? Welcher bremst Sie aus und hindert Sie daran, so zu sein, wie Sie sein wollen?

~ Wenn Sie den oder die »Übeltäter« gefunden haben, überlegen Sie, in genau welcher Weise dieser Glaubenssatz Ihr Verhalten beeinflusst.

~ Und dann finden Sie heraus, wie dieser Glaubenssatz lauten müsste, damit er Ihnen Schwung gibt. Formulieren Sie ihn neu!

~ Dann schreiben Sie sich auf, wie Sie sich in konkreten Situationen künftig verhalten werden, wenn Sie nach dem neuen Glaubenssatz leben.

Ein Beispiel: Als Ausbremser entdecken Sie den Glaubenssatz: »Ich habe Angst vor Veränderungen«. Wie beeinflusst dieser Glaubenssatz Ihr Verhalten? Vielleicht bemühen Sie sich, alles so zu lassen, wie es ist, halten sich an Routinen und scheuen das Unbekannte und Ungewisse. Das bedeutet, dass Sie sich auch nicht auf die Suche nach einem Job machen, der Ihnen mehr Freude bringt, als der, zu dem Sie sich seit einem halben Jahr jeden Morgen hinquälen.

> *»Mögen täte ich schon wollen, aber dürfen habe ich mich nicht getraut.«*
>
> KARL VALENTIN (1882-1948), MÜNCHNER »QUERDENKER«, AUTOR UND VOLKSSÄNGER

Wie müsste der Glaubenssatz lauten, damit er Sie nicht mehr ausbremst und Sie in der Lage wären, sich aktiv für einen neuen Job zu engagieren? Vielleicht so: »Veränderungen können am Anfang manchmal unangenehm sein, aber irgendwann wird auch das Neue zum Vertrauten.« Oder so: »Veränderungen sind Chancen, dass sich etwas ändert – vielleicht sogar zum Besseren. Und sollte es nicht besser werden, verändere ich einfach wieder etwas.«

Wie würden Sie sich verhalten, wenn Sie nach diesem neuen Glaubenssatz lebten? Sie würden Stellenanzeigen lesen, Sie würden im Internet recherchieren, welche Firmen interessant sind, und Sie würden sich bewerben …

Jetzt motivier' ich mich selbst:

Dieser Glaubenssatz bremst mich aus:

_____

So beeinflusst er mein Verhalten:

_____

Mein neuer Glaubenssatz ist:

_____

Wenn ich danach lebe, verändert sich mein Verhalten auf diese Weise:

_____

(33) Es geht auch anders – man muss es nur machen!
Ändern Sie ihre schlechten Gewohnheiten, anstatt sich darüber zu ärgern!

Wenn Sie sich regelmäßig auf eine bestimmte Art verhalten, wird daraus eine Gewohnheit. Viele dieser Gewohnheiten sind Ihnen lieb, manche weniger. Sie würden diese ungeliebten Gewohnheiten gerne ablegen, aber Sie fallen immer wieder in das alte Muster zurück, bis Sie schließlich aufgeben. Gewohnheiten sind ganz eng mit Ihren Glaubenssätzen verknüpft, sie verstärken einander gegenseitig. Wenn Sie zum Beispiel glauben, Sie seien nicht gut in Mathe, dann greifen Sie bei jeder kleinsten Rechenaufgabe zu Ihrem Handy, das ja zum Glück eine Rechnerfunktion besitzt. Auf diese Weise rechnen Sie nichts mehr im Kopf, wodurch Ihre Mathe-Gehirnzellen tatsächlich einrosten – und Sie Ihren Glaubenssatz immer mehr verstärken. Verhalten Sie sich jedoch anders als gewohnt, machen Sie neue Erfahrungen, und es entstehen neue Glaubenssätze.

Aber Achtung: Gewohnheiten zu verändern und neue Glaubenssätze zu entwickeln, bedeutet manchmal auch, einen Teil seiner Persönlichkeit, seiner Identität zu hinterfragen und vielleicht zu verändern! Denken Sie zum Beispiel an einen Raucher, der glaubt, ein Kaffee ohne Zigarette schmecke einfach nicht. Nun bricht er seine Gewohnheit und macht eine neue Erfahrung: Er wird Nichtraucher, seine Identität ändert sich von »Raucher« zu »Nichtraucher«, und er erfährt, dass Kaffee auch ohne Zigarette schmecken kann, wenn er es ein paarmal versucht und sich auf die neue Erfahrung einlässt. Natürlich wird es am Anfang jede Menge inneren Widerstand geben, denn Ungewohntes fühlt sich anfangs oft unangenehm an, und man gerät vorübergehend aus dem Gleichgewicht. Doch irgendwann erwächst aus dieser neuen Erfahrung ein neuer Glaubenssatz: Kaffee schmeckt auch ohne Zigarette (vielleicht sogar besser)!

»Gewohnheiten machen alt. Jung bleibt man durch die Bereitschaft zum Wechsel.«

ATTILA HÖRBIGER,
SCHAUSPIELER (1896-1987)

Wenn Sie jetzt auf den Geschmack gekommen sind, dann holen Sie sich doch eine Tasse Kaffee und notieren Sie unten, welche Gewohnheit Sie ändern wollen.

#FRUSTIKUS: Dir ist natürlich klar, dass mir das gegen den Strich geht, weil mir Gewohnheiten eine so herrliche Sicherheit geben.

MOTIVIAN: Ja, das ist das Gute an den Gewohnheiten. Sie sind auch noch so schön bequem. Und weißt du, was dich beruhigen wird?

FRUSTIKUS: Was?

MOTIVIAN: Wir dürfen auch viele Gewohnheiten behalten.

FRUSTIKUS: Ich werde dich beim Wort nehmen!

Jetzt motivier' ich mich selbst:

Folgende Fragen helfen Ihnen, Ihre Gewohnheiten zu verändern:

1. Bewusstheit
Werden Sie sich über Ihr Verhalten bewusst: Wann machen Sie was?

_____

2. Motiv/Sinn
Welchen Sinn hat es, dies zu ändern? Wozu ist es gut, das zu ändern?

_____

3. Entscheidung

Wann beginnen Sie?

---

4. Tun

Was konkret werden Sie (anders) machen?

---

5. Willenskraft

Was hilft Ihnen, wenn Sie schwach werden und dabei sind, wieder ins alte Verhaltensmuster zurückzufallen?

---

6. Energie-Einsatz

Sind Sie bereit, hundert Prozent zu geben? (99 werden nicht reichen!)

---

7. Preis

Was ist der »Preis«, den Sie für Ihr neues Verhalten zahlen müssen? Sind Sie bereit, diesen Preis zu »zahlen«? Wer oder was könnte gegen Ihre Veränderung sprechen?

---

8. Wiederholung

Wie oft und wann haben Sie die Möglichkeit, Ihr neues Verhalten zu leben?

---

(34) Ernte Dank

Sagen Sie Ihren Mitmenschen öfter mal »Danke« – und freuen Sie sich über die Wirkung!

Ist Ihnen schon mal aufgefallen, dass im Wort »Gedanke« das Wort »Danke« enthalten ist? Das kann doch kein Zufall sein! Bedanken Sie sich häufiger in Gedanken! Und sagen Sie natürlich auch öfter mal Danke! Waren Sie als Kind auch manchmal ein wenig genervt, wenn Sie ein Erwachsene ermahnte: »Wie sagt man? Danke!« Doch wenn man ein paar Jahre reifer ist, erkennt man den wahren Wert dieser erzieherischen Maßnahme. Denn vielleicht beginnen wir, hier und da das »Danke« und die damit verbundene Anerkennung zu vermissen. Vielleicht gehören Sie auch zu den Menschen, die gerne mehr Anerkennung von anderen bekämen. Mehr Anerkennung vom Vorgesetzten dafür, dass Sie das Projekt erfolgreich beendet haben, mehr Anerkennung vom Ehemann dafür, dass Sie das Auto für den Urlaub fit gemacht haben, mehr Anerkennung von der Ehefrau dafür, dass Sie das Frühstück so liebevoll vorbereitet haben – und, und, und …

Wir sind soziale Wesen, und wir brauchen Anerkennung. Es tut uns gut, wenn jemand sieht, was wir getan haben und das mit einem »Danke« auch würdigt. Dank ist die einfachste und doch eine sehr wirkungsvolle Möglichkeit, jemanden anzuerkennen. Und dennoch vergessen wir oftmals, uns zu bedanken – auch wenn die Kinderstube noch so gut war. Warum? Weil uns vieles selbstverständlich erscheint, einfach weil es immer da ist. Aber ist es das wirklich?

Bedanken Sie sich doch mal für etwas, das Sie eigentlich für selbstverständlich halten: »Danke, dass Sie das Projekt so zuverlässig zum Erfolg geführt haben«, »Danke, dass du Frühstück gemacht hast!«, »Danke, dass du dich um das Auto kümmerst«. Können Sie sich vorstellen, wie gut das dem anderen tut? Er fühlt sich wahrgenommen und anerkannt.

Wichtig ist, dass Sie es aufrichtig meinen und sehr präsent sind, wenn Sie das sagen, also die Person wirklich ansehen und durch Ihre gesamte Haltung Ihre Wertschätzung und Dankbarkeit entgegen bringen. Vielleicht ist die Person zunächst etwas irritiert, weil sie es nicht gewohnt ist. Es tut ihr dennoch ganz bestimmt gut, wenn Sie es aufrichtig meinen. Und wissen Sie, was wundervoll ist? Wenn Sie mehr Dankbarkeit in Ihre Kommunikation, in Ihr Miteinander einfließen lassen, kommt sie auch irgendwann zu Ihnen zurück.

> Wenn Sie mehr Dankbarkeit in Ihre Kommunikation, in Ihr Miteinander einfließen lassen, kommt sie auch irgendwann zu Ihnen zurück.

> *»Zwei Schlüsselchen öffnen Dir jede Tür – zwei niedliche kleine blanke. Gib acht, dass Du Sie nie verlierst, Sie heißen Bitte und DANKE!«*
>
> AUS MEINEM POESIEALBUM

Und das tut dann auch Ihnen gut – gesehen und gewürdigt zu werden für das, was Sie tun.

Und nicht zuletzt wissen wir aus der Glücksforschung, dass Menschen, die viel Dankbarkeit empfinden, glückliche Menschen sind. Und wer glücklich ist, ist motiviert. Tun Sie also etwas für Ihr Glück!

FRUSTIKUS: Danke für diesen Tipp!

MOTIVIAN: Gerne!

FRUSTIKUS: Ist das alles?

MOTIVIAN: Was erwartest du denn noch?

FRUSTIKUS: Na, ich dachte, wenn ich dankbar bin, kommt die Dankbarkeit zu mir zurück. Also dachte ich, dass du dich jetzt auch mal bei mir bedankst.

MOTIVIAN: Verstehe. Wenn du dich nur bedankst, damit sich andere dann auch bei dir bedanken, hast du den Sinn des Dankens noch nicht ganz erfasst.

FRUSTIKUS: Ist ja schon gut. Ich weiß, da steht, »irgendwann« kommt sie auch zu mir zurück. Und es macht mich ja schließlich glücklich, wenn ich mehr Dankbarkeit empfinde, richtig?

MOTIVIAN: Richtig.

 **Jetzt motivier' ich mich selbst:**
Bei wem kann ich mich wofür bedanken:

_____

(35) Trainieren statt Ärgern

Suchen Sie im Alltag nach Chancen, sich zu verbessern – und (fast) alles wird gut!

Wir alle erleben Situationen, die uns ärgern oder sogar belasten, die wir aber nicht sofort oder überhaupt nicht ändern können: Auf dem Weg zur Arbeit nimmt uns jemand die Vorfahrt, während der Präsentation nervt ein Kollege mit blöden Fragen, zu Hause streikt die Geschirrspülmaschine. Wenn Sie in so eine Situation geraten, dann fragen Sie sich, was Sie in diesem Moment trainieren können. Welche Fähigkeit(en) können Sie hier weiter entfalten? Vielleicht bietet Ihnen die Situation die Chance, Ihre Geduld zu üben? Oder Ihre Toleranz? Vielleicht können Sie Ihr Verhandlungsgeschick verbessern? Oder Ihr Selbstbewusstsein stärken? Oder Ihre Gelassenheit? Oder Ihre Kreativität?

> Trainieren Sie, Ihre Gedanken auch in schwierigen Situationen zu kontrollieren, sodass Ihre Gedanken nicht Sie kontrollieren können.

Welche Herausforderung auch immer wir zu bewältigen haben: Sobald wir sie als Chance begreifen, erscheint sie uns in einem ganz neuen Licht. Und vielleicht freuen wir uns dann sogar ein klein wenig darauf. Trainieren Sie, Ihre Gedanken auch in schwierigen Situationen zu kontrollieren, sodass Ihre Gedanken nicht Sie kontrollieren können.

Und schon machen Sie das Beste aus einer blöden Situation.

FRUSTIKUS: Okay, hier soll also Sch… zu Gold gemacht werden. Könnte ich dafür mal ein Beispiel haben, damit es etwa konkreter wird?

MOTIVIAN: Gerne! Stell dir folgende Situation vor: Die Chefin hat uns noch ein

115

ordentlichen Packen Arbeit auf den Tisch gelegt – am Freitagabend! Und Montag muss das alles fertig sein. »Es ist sehr dringend!«, sagt sie noch.

FRUSTIKUS: Ja, das kann ich mir glasklar vorstellen. Wir sind dann natürlich stinksauer.

MOTIVIAN: Genau! Doch diese Wut ist ein schlechter Begleiter, wenn wir konzentriert arbeiten wollen.

FRUSTIKUS: Klar, denn da singe ich doch gleich mit ein paar Kollegen zusammen im Chor: »Was soll das?«, »Die hat doch was gegen mich!«, »Das schaffe ich nie bis Montag!«, »Die hat doch was an der Birne!«, »Schikane!« und, und, und …

MOTIVIAN: Ja, diese Leier kenne ich. Auch der Jammerlappen hat dabei seinen großen Auftritt. Und damit helft ihr uns überhaupt nicht weiter! Deshalb werde ich euch beim nächsten Mal stoppen.

»Auch aus Steinen, die dir in den Weg gelegt werden, kannst du etwas Schönes bauen.«
ERICH KÄSTNER (1899-1974)

FRUSTIKUS: Ach, ja? Und wie?

MOTIVIAN: Ich rufe einfach: »Stopp!« und verbiete euch das Wort.

FRUSTIKUS: Wie nett von dir!

MOTIVIAN: Und dann überlegen wir uns, welche Fähigkeiten wir in dieser Situation trainieren können.

FRUSTIKUS: Ha, als ob das so einfach wäre!

MOTIVIAN: Am Anfang ist es natürlich nicht so einfach, weil es ungewohnt ist. Aber ich bin mir sicher: Uns wird schon etwas einfallen. Zum Beispiel, dass dies eine gute Gelegenheit ist, unsere Konzentration zu verbessern, damit wir so schnell wie möglich fertig werden. Also trainieren wir in dieser Situation, hocheffizient und konzentriert zu arbeiten und uns nicht durch unnütze Einwürfe von dir und dem Jammerlappen und all den anderen ablenken zu lassen.

Jetzt motivier' ich mich selbst:

Diese Trainings-Chancen habe ich erkannt:

_____

_____

Diese Fähigkeit habe ich auf diese Weise trainiert:

_____

_____

(36) Die Dosis macht's

Stellen Sie sich Herausforderungen, die Ihren Möglichkeiten entsprechen – und vermeiden Sie Unter- wie auch Überforderung!

Wenn wir Herausforderungen bewältigen und dabei unsere Grenzen überwinden und unsere Kompetenzen weiterentwickeln, empfinden wir eine starke Motivation – ja sogar Glück. Was viele nicht wissen: Die meisten Menschen erleben diese Glücksgefühle weniger während ihrer Freizeit als vielmehr bei der Arbeit. Denn da bewältigen sie immer wieder neue Aufgaben. Wer zum Beispiel ein Projekt zu Ende bringt, obwohl genau das vor ein paar Tagen noch aussichtslos schien, der empfindet großes Glück. In der Freizeit erleben wir diese Glücksgefühle natürlich auch – etwa, wenn uns ein Hobby immer wieder an und über unsere Grenzen hinaus treibt. Wir sind motiviert, wenn wir zur Lösung eines Problems unsere Fähigkeiten einsetzen und ein wenig über uns hinauswachsen können.

> Wir sind motiviert, wenn wir zur Lösung eines Problems unsere Fähigkeiten einsetzen und ein wenig über uns hinauswachsen können.

Manchmal gehen wir in einer solchen Herausforderung sogar ganz auf – dann spricht man vom »Flow«. Dieser Zustand stellt sich ein, wenn wir unsere jeweilige persönli-

117

che Grenze überschreiten und uns auf eine Auseinandersetzung mit Schwierigkeiten einlassen oder ein gewisses Risiko eingehen. Um den Flow zu erreichen, sollte uns eine Aufgabe richtig fordern. Dennoch sollten wir nie das Gefühl haben, es sei absolut unmöglich, diese Aufgabe zu bewältigen.

Wenn wir vor einer Herausforderung stehen, die uns völlig überfordert, weil uns zum Beispiel bestimmte Fähigkeiten fehlen, oder weil wir keine Ahnung haben, wie und wo wir anfangen sollen, dann sind wir demotiviert. Das gilt genauso, wenn wir uns langweilen, weil uns eine Aufgabe vollkommen unterfordert und wir unsere Fähigkeiten kaum einbringen können. Im schlimmsten Fall führt das zum Bore-out- Syndrom, dem Gegenstück des Burn-out.

Vor diesem Hintergrund wird auch klar, warum es nicht einfach ist, sich zu alltäglicher Routinearbeit zu motivieren. Denn den Keller ausmisten, Posteingang durcharbeiten und Co. bescheren uns nicht gerade Flow-Erlebnisse. Da hilft dann einfach nur Disziplin. Es muss eben gemacht werden. Augen zu und durch. Und sich auf das gute Gefühl freuen, wenn wir den »Kram« endlich vom Hals haben.

Wenn Sie hingegen im Job oder in der Freizeit dauerhaft einen Mangel an Motivation spüren, fragen Sie sich, ob die Aufgaben Sie möglicherweise unter- oder überfordern. Fühlen Sie sich überfordert, dann überlegen Sie, welche Fähigkeiten Sie noch brauchen, und wie Sie sich diese aneignen können. Oder bitten Sie jemanden um Hilfe. Fühlen Sie sich unterfordert, dann überlegen Sie, wie Sie die betreffende Aufgabe anders gestalten können, damit Sie stärker gefordert sind. Oder Sie übergeben die Aufgabe jemand anderem, der dabei vielleicht sogar Spaß hat, weil er seine Fähigkeiten dort einbringen kann.

FRUSTIKUS: Wie sollen wir bitte sehr eine langweilige Aufgabe anders gestalten, damit sie uns mehr fordert?

MOTIVIAN: Gib mir bitte mal ein konkretes Beispiel.

FRUSTIKUS: Oh, da fällt mir doch gleich diese ätzende Reisekostenaufstellung ein, die wir jeden Monat vor uns herschieben.

MOTIVIAN: Na, das ist ganz einfach: Bei so einer bürokratischen Fleißarbeit kann man sich zum Beispiel einem kleinen Wettbewerb stellen und sich ein Zeitlimit setzen, bis wann die Aufstellung fertig sein muss. Dann ist man gezwungen, sehr effizient zu arbeiten und freut sich, wenn man das Zeitlimit einhalten oder vielleicht sogar unterschreiten konnte. Außerdem ist es ein hilfreicher Gedanke, wenn man weiß, dass das »Gräuel« in 30 Minuten vorbei ist.

FRUSTIKUS: Und beim nächsten Mal kann man seine Zeit dann unterbieten?

MOTIVIAN: Ja, genau! Mal schauen, wie dann die Bestzeit aussieht!

Jetzt motivier' ich mich selbst:
Aufgaben, die mich unterfordern und langweilen:

_____

_____

So könnte ich diese Aufgaben anders gestalten:

_____

_____

An diese Person könnte ich die Aufgabe abgeben:
Aufgaben, die mich überfordern.

_____

_____

Diese Fähigkeiten bräuchte ich noch dafür:

_____

_____

So kann ich mir diese Fähigkeiten aneignen:

_____

_____

Folgende Personen könnte ich um Hilfe bitten:

_____

_____

Bei diesen Aufgaben bin ich im Flow:

_____

_____

(37) Willkommen in der Stretching-Zone!
Lassen Sie Ihre Routinen Routinen sein – und haben Sie Mut zu Neuem!

Jetzt fragen Sie sich vielleicht: Wozu soll das denn gut sein? Antwort: beispielsweise für Ihr Gehirn! Wird dieses täglich mit Altbekanntem, mit Routinen konfrontiert, muss es sich nicht besonders anstrengen, denn es schaltet einfach auf Autopilot. Soll heißen: Alles, was wir kennen, wird vom Gehirn quasi automatisch abgearbeitet, ohne dass es sich damit aktiv auseinandersetzen muss. Die Folge: Unsere Gehirnzellen rosten in ihren festgefahrenen Bahnen langsam ein. Wessen Hirn meistens im Autopilot-Modus läuft, den beschleicht zudem allmählich ein Gefühl von: »Ich lebe irgendwie an meinem Leben vorbei« oder: »Nicht ich lebe mein Leben, sondern mein Leben lebt mich«. Kein schönes Gefühl!

Seine Routinen zu verlassen, erfordert natürlich etwas Mut. Wann waren Sie denn zuletzt mal so richtig mutig? Oder wenigstens ein bisschen? Kürzlich mal ein winziges Risiko eingegangen? Sich auf etwas eingelassen, von dem Sie nicht wussten, wie es enden würde? Mal das Unerwartete erwartet? Probieren Sie es aus! Es macht Sie lebendig! Sich auf etwas Unbekanntes einzulassen, sich zu engagieren, sich zu zeigen, sich der Gefahr einer Blöße auszusetzen, jenseits der bekannten Pfade Neues zu entdecken, macht Sie lebendig und bereitet Spaß! Außerdem fördert es Ihre Flexibilität und Ihr Selbstvertrauen. Verlassen Sie öfter einmal Ihre Komfortzone, das heißt: Ihre eingefahrenen Verhaltensweisen, und wagen Sie einen Schritt in die Stretchingzone.

> Verlassen Sie öfter einmal Ihre Komfortzone, das heißt: Ihre eingefahrenen Verhaltensweisen, und wagen Sie einen Schritt in die Stretchingzone.

Das ist der Bereich, in dem Sie sich weiterentwickeln und Neues lernen. Sie sollten es natürlich nicht übertreiben und sich gleich in die Panikzone begeben, denn das stresst Sie nur unnötig. Doch so ein bisschen Stretching ist gut für Sie. Steigern Sie die Flexibilität Ihres Gehirns, indem Sie ihm Informationen anbieten, die es nicht kennt oder nicht gewohnt ist. Sie können Ihre mentalen Fähigkeiten mithilfe entsprechender Übungen stärken – genau wie Ihre Muskeln durch Krafttraining.

FRUSTIKUS: Und wie soll das gehen?

MOTIVIAN: Ganz einfach: Der Alltag ist unsere Spielwiese. Zum Beispiel: Wechseln wir mal die Sitzordnung am Frühstückstisch oder die Liegeordnung im Ehebett.

FRUSTIKUS: Die Seiten im Bett tauschen?! Ach herrje!

MOTIVIAN: Ja, du wirst staunen, welche Auswirkungen das haben kann!

FRUSTIKUS: Ich will nicht darüber nachdenken. Geht's noch etwas weniger radikal?

MOTIVIAN: Wir können uns die Zähne mit der anderen Hand putzen, eine Treppe rückwärts hochlaufen, mit geschlossenen Augen duschen.

FRUSTIKUS: Das ist doch alles albern!

MOTIVIAN: Klar, dass du so denkst. Wie wäre es dann damit: Wir fahren einen anderen Weg zur Arbeit.

FRUSTIKUS: So ein Quatsch! Dann dauert es doch viel länger!

MOTIVIAN: Wir stehen früher auf …

FRUSTIKUS: Oh Gott!

MOTIVIAN: Oder wir kaufen unsere Frühstücksbrötchen bei einem anderen Bäcker, wir probieren ein exotisches Essen oder legen uns einfach mal die Armbanduhr ums andere Handgelenk.

FRUSTIKUS: Na, das könnten wir ja mal ausprobieren.

MOTIVIAN: Es gibt noch mehr: Wir beginnen mit einem neuen Sport, lernen eine neue Sprache, reisen in eine fremde Stadt und erkunden sie ohne Stadtplan.

FRUSTIKUS: Anstrengend!

MOTIVIAN: Eben, dann können unsere grauen Zellen nämlich mal wieder zeigen, was sie drauf haben! Und jetzt die Kür: Wir besuchen einen Improvisations-Theater-Workshop.

FRUSTIKUS: Na, das hat gerade noch gefehlt!

MOTIVIAN: Genau! Improvisations-Theater ist nämlich das allerbeste Training, um aus verkrusteten Denkstrukturen auszubrechen, weil das Unerwartete immer und überall lauert und man schnell darauf reagieren muss.

FRUSTIKUS: Also ich habe kapiert, dass die Konfrontation mit Neuem, mit Ungewohntem, unser Gehirn in die Lage versetzt, neue »Spuren" auszubilden. Und das hält einen im Kopf flexibel und fit. Aber lass es uns bitte langsam angehen – sonst bekommen wir Kopf-Muskelkater.

MOTIVIAN: Also gut, was schlägst du vor?

FRUSTIKUS: Tragen wir doch die Uhr mal am anderen Handgelenk, und gehen wir morgen in der Mittagspause dieses Bistro ausprobieren, an dem wir schon seit Jahren immer vorbeilaufen.

»Wer zugibt, dass er feige ist, hat Mut.«

FERNANDEL (1903-1971),
SCHAUSPIELER UND SÄNGER

MOTIVIAN: Einverstanden!

FRUSTIKUS: Irgendwie habe ich das Gefühl, du willst noch was …

MOTIVIAN: Das stimmt.

FRUSTIKUS: Na, los … raus mit der Sprache!

MOTIVIAN: Na ja, wir sprachen vorhin vom Mut und von der Stretchingzone.

FRUSTIKUS: Alles klar, ich weiß, worauf du hinauswillst. Du meinst, die Uhr am anderen Handgelenk zu tragen und das unbekannte Bistro auszuprobieren, erfordert nicht gerade viel Mut und bringt uns nicht richtig in die Stretchingzone?

MOTIVIAN: Ganz genau!

FRUSTIKUS: Oje! Also, was hast du jetzt vor?

MOTIVIAN: Eine kleine Peinlichkeit pro Woche.

FRUSTIKUS: Ich ahne Furchtbares. Und wie soll das konkret aussehen?

MOTIVIAN: Ab und zu fordern wir unseren Mut heraus und tun etwas, das man doch eigentlich nicht tut. Wir brechen ein wenig die Regeln und machen dadurch

123

ganz neue Erfahrungen und stärken unser Selbstvertrauen.

FRUSTIKUS: Sollen wir auf dem Marktplatz tanzen?

MOTIVIAN: Das würde wahrscheinlich schon ziemlich viel Mut kosten. Wir können es auch etwas langsamer angehen.

FRUSTIKUS: Und wie?

MOTIVIAN: Wir bringen dem Türsteher vom Club einen Kaffee. Wir gehen zum Frisör und sagen: »Machen Sie einfach mal irgendwas ganz anderes, ich lass mich überraschen.« Wir bedanken uns bei unserem Telefonanbieter, dass die Rechnungen der letzten Monate

alle stimmten und es keine einzige Störung gab. Wir rufen beim Abonnenten-Service der Zeitschrift an, die wir schon seit Jahren beziehen, und sagen, wir hätten gerne die Uhr, die die Neukunden im Moment bekommen. Wir setzen im Frühjahr die Weihnachtsmann-Mütze auf und gehen damit durch die Stadt, wir können in der U-Bahn einfach mal laut lachen und das mindestens bis zur nächsten Station durchhalten, wir können den Marktstandinhaber am Ende des Markttages fragen, ob wir ihm beim Abbauen und Einpacken helfen sollen, wir können das Ehepaar am Nachbartisch im Restaurant fragen, wie es sich kennengelernt hat, wir können in einem Fahrstuhl jede Person, die neu reinkommt, freundlich mit Handschlag begrüßen …

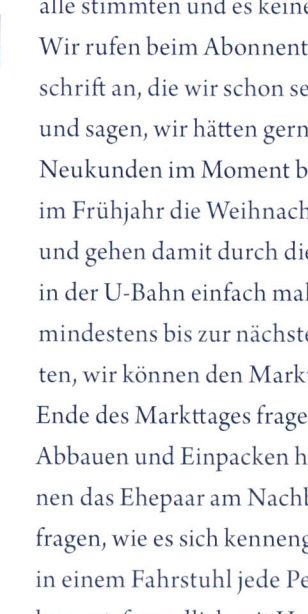

FRUSTIKUS: Okay, das reicht! Ich hab's kapiert. Ab und zu mal was Ungewöhnliches machen und damit seinen Mut-Muskel trainieren.

MOTIVIAN: So ist es. Am besten bastelt man sich eine Liste von kleinen Verrücktheiten, die man mal machen kann, vielleicht auch mit jemandem zusammen und dann los. Das macht Spaß!

FRUSTIKUS: Ich weiß nicht …

MOTIVIAN: Probier es einfach mal aus!

Jetzt motivier' ich mich selbst:
Das habe ich anders gemacht als sonst:

_____

_____

Und diese kleinen »Verrücktheiten« will ich demnächst ausprobieren:

_____

_____

(38) Den Alltag beschwingen
Bewegen Sie Ihren Körper – wann und wo immer es geht!

Keine Sorge, jetzt kommt kein mahnender Zeigefinder und so was wie: »Sie sollten mehr Sport treiben!« Nein, hier geht es darum, dass Sie mal kreativ und spielerisch ausprobieren, was für kleine und gar nicht so anstrengende Extra-Bewegungen Sie in Ihren Alltag einbauen können. Nach dem Motto: »Bewegung, wo immer es geht«. Und damit meine ich jetzt nicht nur, dass sie konsequent statt des Fahrstuhls die Treppe nehmen – wobei das natürlich auch eine gute Idee ist. Aber es gibt noch viele andere Möglichkeiten: Werden Sie kreativ und bewegen Sie, was immer gerade geht, wann immer es gerade geht!

Werden Sie kreativ und bewegen Sie, was immer gerade geht, wann immer es gerade geht!

Hier einige Beispiele:

~ Wenn Sie morgens aufwachen, rekeln Sie intensiv Ihre noch müden Glieder. Sie kön-

*»Tu deinem Leib etwas Gu-
tes, damit deine Seele Lust
hat, darin zu wohnen.«*
TERESA VON ÁVILA (1515-1582)

nen sich dabei auch von Katzen oder Hunden inspirieren lassen. Wenn Sie dann das erste Mal auf den Füßen stehen, recken und strecken Sie sich zur Decke hoch. Strecken Sie Ihre Arme, gehen Sie auf die Zehenspitzen, als wollten Sie nach einem leckeren Apfel am Baum greifen.

~ Beim Zähneputzen stehen wir normalerweise drei Minuten lang einfach nur rum. Nutzen Sie die Zeit und trainieren Sie Ihren Gleichgewichtssinn. Stehen Sie jeweils eineinhalb Minuten auf nur einem Bein oder wippen Sie auf Ihren Zehen – und trainieren Sie so Ihre Wadenmuskulatur. Oder machen Sie drei Minuten lang Kniebeugen.

~ Trainieren Sie Ihre Halsmuskeln. Die müssen den ganzen Tag über Ihren etwa fünf Kilo schweren Kopf tragen. Kein Wunder, dass sie sich verspannen, was dann schon mal zu Kopfschmerzen führt. Sie können Ihre Halsmuskeln ganz leicht trainieren, indem Sie beim Haarewaschen unter der Dusche Ihre Kopfhaut nicht mit den Händen massieren, sondern – anders herum – die Hände stillhalten und stattdessen den Kopf unter Ihren Händen bewegen.

~ Nutzen Sie Momente in denen Sie still sitzen: Zum Beispiel im Auto vor einer roten Ampel oder im Stau. Oder wenn Sie schon eine Weile am Schreibtisch zugebracht haben. Kreisen Sie in solchen Situationen einfach mal einige Runden mit Ihren Schultern.

FRUSTIKUS: Ist ja ziemlich albern – aber schaden tut's wohl nicht.

MOTIVIAN: Stimmt! Und albern ist gut, weil es uns zum Schmunzeln bringt, und das hebt die Stimmung!

FRUSTIKUS: Ich wusste, dass du noch einen draufsetzen würdest …

Jetzt motivier' ich mich selbst:
Meine außergewöhnlichen Bewegungs-Ideen:

_____

_____

Diese Extra-Bewegungen probiere ich jetzt aus:

_____

_____

(39) Eigenlob stimmt
Sehen Sie Ihre Erfolge – und klopfen Sie sich auf die Schulter!

Natürlich ist es wunderbar, von anderen Anerkennung und Lob zu bekommen. Wenn wir uns jedoch zu sehr von dieser Anerkennung abhängig machen, besteht die Gefahr, dass wir unglücklich und unsicher werden. Sogar unser Selbstwertgefühl kann darunter leiden. Anstatt die Anerkennung von anderen zu BRAUCHEN, wäre es besser,

SICH SELBST welche zu SCHENKEN – und sich darüber hinaus, als zusätzlichen Bonus, Anerkennung von anderen zu WÜNSCHEN.

Dadurch stabilisieren und steigern Sie Ihr Selbstwertgefühl und machen sich unabhängig von der Anerkennung anderer. Probieren Sie es aus!

Achten Sie auf die vielen kleinen und großen Dinge, die Ihnen gut gelungen sind, die Sie getan haben, obwohl Sie gar keine rechte Lust dazu hatten. Erkennen Sie all Ihre Stärken an, etwa Ihre Aufmerksamkeit, Ihren Überblick, Ihr Organisationstalent, Ihre Kompetenz. Würdigen Sie Ihre kleinen und großen Erfolge. Wie das geht? Ganz einfach: Sagen Sie zu sich: »Das hab' ich gut gemacht!« Oder klopfen Sie sich mal selbst auf die Schulter und sagen Sie sich: »Weiter so!« Loben Sie sich einfach so, wie Sie gerne von anderen gelobt würden.

»Achten die Menschen sich selbst, so achten sie gewöhnlich auch die fremde Persönlichkeit.

SAMUEL SMILES (1812-1904),

SCHRIFTSTELLER

Vielleicht wollen Sie sich auch mal ganz bewusst belohnen? Sich etwas Schönes gönnen? Was fällt Ihnen dazu ein? Tun Sie es – Sie haben es verdient! Und wenn Sie sich etwas wirklich Gutes tun wollen, empfehle ich Ihnen, ein Lob-Buch zu führen. Besorgen Sie sich ein besonders hübsches Notizbuch und verzeichnen Sie dort jeden Abend jeweils auf der linken Seite ein bis drei Punkte, für die Sie sich loben. Und auf die rechte Seite schreiben Sie, wie andere Sie gelobt haben. Können Sie sich vorstellen, wie gut es Ihnen tun wird, in diesem Lob-Buch zu blättern und zu lesen? Es bewirkt kleine Wunder! Vor allem, wenn Sie mal weniger gut drauf sind.

Also richten Sie Ihre Aufmerksamkeit auf all das, was Ihnen gut gelingt, was Sie gut gemacht haben und loben Sie sich selbst dafür – am besten schriftlich in Ihrem Lob-Buch!

FRUSTIKUS: Das ist nix für mich! Sich selbst schriftlich beweihräuchern und dann auch noch auf die Schulter klopfen! So was Bescheuertes!

MOTIVIAN: Ist mir klar, dass du da nicht mitmachen willst. Das geht gegen deine Natur. Es wäre schon hilfreich, wenn du dich einfach mal zurückzögest und es uns dadurch leichter machtest, uns selbst zu loben und vielleicht auch mal auf die Schulter zu klopfen.

FRUSTIKUS: Alles klar, das kriege ich hin. Ich drehe mich einfach um, und ihr könnt dann mit eurer Lobhudelei starten.

MOTIVIAN: Danke.

Jetzt motivier' ich mich selbst:
Das habe ich in meinem Leben schon gut hingekriegt:

_____

_____

(40) Vom Ja-Sagen zum Nein-Sagen
Lehnen Sie ab, was Sie nicht tun wollen – wenn der Preis für Sie akzeptabel ist!

Manchmal ist es notwendig, NEIN zu sagen, wenn wir unsere eigenen Bedürfnisse und Interessen berücksichtigen wollen. Dennoch fällt es uns oft schwer oder gelingt uns gar nicht – und hinterher ärgern wir uns darüber. Weil unser JA unsere Pläne über den Haufen wirft, oder weil wir schlicht keine Lust haben, oder vielleicht sogar, weil wir uns ausgenutzt fühlen. Manchmal schwören wir uns, dass es das letzte Mal war und dann … naja … wir sind eben so, wir können nicht anders. Oder vielleicht doch? Was treibt uns dazu, JA zu sagen, obwohl wir eigentlich NEIN meinen? Es geht mal wieder um die Frage, welchen »Preis« wir zu zahlen bereit sind. Wenn wir NEIN sagen, zahlen wir den Preis, die Erwartungen eines anderen Menschen zu enttäuschen. Wir zahlen den Preis, dass vielleicht ein Konflikt entsteht. Oder wir zahlen den Preis, dass wir von einem Menschen keine Anerkennung bekommen, wenn wir seinen Wunsch oder seiner Bitte nicht erfüllen.

»Was ich verwundert immer sah: Die Menschen sagen fröhlich ‚ja' und meistens ernst verbissen ‚nein'. Das sehe ich durchaus nicht ein. Wer sicher ist, kann es doch wagen, auch freundlich lächelnd ‚nein' zu sagen.«

KARL-HEINZ SÖHLER, DICHTER
(1923-2005)

Hier sind drei Tipps, wie Sie NEIN sagen können:

1. Begründen Sie Ihr NEIN:
   »Ich kann das heute nicht erledigen, weil ich einen anderen wichtigen Termin habe ...«

2. Das bedingte JA: Sie stimmen zu und stellen eine Bedingung:
   »Das kann ich machen, WENN DU DAFÜR die Kinder abholst ...«

3. Teilzusagen: Sie stimmen einigen Teilen zu, andere Teile lehnen Sie mit Begründung ab:
   »Gut, ich schreibe den Bericht – den Termin mit Herrn Meyer kann ich dann aber nicht übernehmen.«

Sie haben immer die Wahl zwischen JA und NEIN. Handeln Sie so, dass es sich für Sie gut anfühlt, den Preis zu bezahlen, und achten Sie auf Ihre eigenen Bedürfnisse.

 **Jetzt motivier' ich mich selbst:**

Dazu habe ich NEIN gesagt:

_____

_____

(41) Die dickste Kröte zuerst

Beginnen Sie Ihren Tag mit der unangenehmsten Aufgabe – und freuen Sie sich auf den Rest!

Uuuäääh … Was soll das denn? Seien wir doch mal ehrlich: Wir schieben unangenehme Dinge vor uns her, schieben und schieben, drücken uns ganz erfolgreich, OBWOHL wir wissen, dass diese Aufgaben dadurch eher noch unangenehmer werden und unser schlechtes Gewissen an uns nagt. Das sind sie – unsere ungeliebten Kröten.

Doch diese Woche packen Sie die Kröten bei ihren Schenkeln! Schlucken Sie gleich am Beginn jedes Tages eine: Fangen Sie mit der unangenehmsten Kröte an. Ist die erst mal weg, erscheint alles andere viel leckerer …

Und für den Rest des Tages wird Ihnen alles umso leichter von der Hand gehen. Freuen Sie sich auf das wunderbare Gefühl, das sich einstellt, wenn Sie die aufgeschobenen Dinge endlich mal angegangen sind. Und sollte eine Kröte doch mal viel zu groß und fett sein, dann beißen Sie wenigstens ein Stück ab und verteilen Sie das »Ungetier« auf mehrere Tage.

> *»Wenn du morgens zuerst einen Frosch isst, wird der Rest des Tages wundervoll.«*
> MARK TWAIN (1835-1910)

Und noch ein Tipp: Bevor Sie abends aufhören zu arbeiten, stellen Sie sich eine kleine Liste zusammen, in der Sie vermerken, worauf Sie so gar keine Lust haben. Diese Liste lassen Sie auf Ihrem Schreibtisch liegen und verabschieden sich in den Feierabend. Am nächsten Morgen kommen Sie an Ihren Arbeitsplatz zurück und beginnen direkt mit der ersten Aufgabe. Wenn Sie die erledigt und durchgestrichen haben, fordern Sie sich selbst heraus: Schaffen Sie auch noch einen weiteren Punkt auf der Liste? Wie viele Kröten »packen« Sie an diesem Morgen? Was für ein Gefühl wird es wohl sein, wenn Sie sämtliche Kröten-Punkte auf dieser Liste durchgestrichen haben? Mit welchem Schwung gehen Sie dann an die Aufgaben, die Ihnen Spaß machen und leicht von der Hand gehen? Sie wer-

Fangen Sie mit der unangenehmsten Kröte an. Ist die erst weg, erscheint alles andere viel leckerer …

den sehen: Sobald Sie sich selbst einmal den Schubs gegeben haben, mit dem Nervigen und Unangenehmen zu beginnen, fällt alle darauf folgende Arbeit so richtig leicht. Sie sind beschwingt und gut drauf, weil Sie den größten Mist schon abgeräumt haben. Und wenn nachmittags dann wieder Dinge reinkommen, auf die Sie so gar keine Lust haben, setzen Sie die einfach auf die Liste für den nächsten Morgen. So wird sogar das, was am wenigsten Spaß macht, zur machbaren Gewohnheit.

 **Jetzt motivier' ich mich selbst:**

Diese Kröten werde ich schlucken:

_____

_____

(42) Bumerang des Guten
Geben Sie mehr, als Sie nehmen – und Sie bekommen, was Sie brauchen!

Wir definieren unser Ich oft über das Du – also darüber, wie andere uns sehen, was sie über uns denken, was sie uns geben, was sie an uns schätzen. Dadurch machen wir uns von ihnen abhängig, was uns manchmal nicht besonders guttut. Mitunter kommt es vor, dass wir etwas vermissen, etwas brauchen – beispielsweise mehr Wertschätzung oder Anerkennung, mehr Liebe, mehr Aufmerksamkeit. Und wir beginnen zu suchen, wer uns das alles geben könnte. Wir beginnen vielleicht sogar, uns zu beklagen, dass uns der Partner oder die Partnerin etwa nicht genug Liebe oder Aufmerksamkeit schenkt. Oder dass uns unser Chef zu wenig lobt.

> »*Geben ist seliger als nehmen.*«
> APOSTELGESCHICHTE 20,35

Noch ein anderes Beispiel: Neulich klagte einer meiner Seminarteilnehmer, heutzutage würden die Kunden nicht mehr richtig zuhören. Ich fragte ihn daraufhin, ob ER denn seinen Kunden gut zuhören könne, was er sofort bestätigte. Als ich ihn aber fragte, woran seine Kunden denn erkennen könnten, dass er gut zuhöre, wurde er etwas nachdenklicher … und er ahnte, dass seine Kunden das wohl gar nicht so deutlich merken können, da er meistens mehr redet als sie.

Mein Vorschlag: Wonach auch immer sie sich sehnen, schenken Sie genau das Ihrer Umwelt – und zwar reichlich!

Sie vermissen Lob und Anerkennung? Schenken Sie Ihren Mitmenschen besonders viel Anerkennung. Sie brauchen mehr Liebe? Zeigen und geben Sie Liebe, so viel sie können. Und wenn Sie das tun, dann erwarten Sie bitte nicht, dass sie SOFORT zurückkommt. Es braucht manchmal ein wenig Zeit, doch seien Sie sicher: Irgendwann kommt sie zurück – von irgendwem.

Jetzt motivier' ich mich selbst:
Davon hätte ich gerne mehr, daher werde ich es reichlich an andere austeilen:

_____

_____

(43) »Man« über Bord

Stellen Sie klar, wer was tun soll, stehen Sie zu dem, was Sie sagen und verstecken Sie sich nicht hinter einem »Man«!

Hören Sie auch öfter Sätze wie: »Man sollte frischen Tee kochen«? Da stellt sich die Frage: Wer genau ist denn »man«? Wer fühlt sich angesprochen? Niemand. Und wer macht's? Auch niemand. Ein anderes Beispiel: Die Chefin sagt: »Man sollte sich etwas überlegen, wie man neue Kunden gewinnen kann.« Wer überlegt sich dann was?

Mein Tipp: Seien Sie verbindlich und sprechen Sie Personen direkt an – sonst tut sich gar nichts!

> Seien Sie verbindlich und sprechen Sie Personen direkt an – sonst tut sich gar nichts!

Also: »Herr Soundso, seien Sie bitte so nett und kochen Sie frischen Tee.« Oder: »Wir brauchen frischen Tee. Wer kann sich darum kümmern?« und: »Frau Soundso, bitte machen Sie sich ein paar Gedanken darüber, wie wir neue Kunden gewinnen können.«

Sogar wenn wir uns selbst meinen, sagen wir nicht selten »man«: »Man müsste öfter mal an die frische Luft gehen.« »Man sollte auch mal tun, was man sich immer vornimmt.« »Man kann ja nicht alles auf einmal machen!« »Man will ja auch mal entspannen.« Wer so spricht, bezieht keine Stellung – das ist schwach und unpersönlich. Ganz anders klingt es so: »Ich möchte öfter mal an die frische Luft gehen.« »Ich möchte das tun, was ich mir vorgenommen habe.« »Ich will auch mal entspannen.« Laden Sie Ihre Mitmenschen ein, persönlich Stellung zu nehmen, indem Sie nach-

»Sprich, damit ich dich sehen kann!«

ARISTOTELES (384-322 V. CHR.)

fragen. Dadurch gewinnt Ihr Gespräch eine persönliche Ebene. Sagt zum Beispiel ein Kollege: »Man kann ja nicht alles auf einmal machen!«, können Sie nachhaken: »Was ist IHNEN denn so wichtig, dass Sie es auf jeden Fall machen wollen?« Meint Ihr Gegenüber: »Man sollte sich nicht immer alles so zu Herzen

nehmen!«, können Sie fragen: »Was wollen SIE sich nicht so zu Herzen nehmen?« Vermeiden Sie das »Man« in Ihrer Sprache und beziehen Sie klar Position. Sprechen Sie von sich!

 **Jetzt motivier' ich mich selbst:**

Bei diesen »Man«-Sätzen habe ich mich ertappt:

_____

Diese »Man«-Sätze höre ich häufig bei anderen:

_____

(44) Mit kleinen Schritten zu großen Sprüngen
Beginnen Sie mit Mini-Schritten und behalten Sie immer ein gutes Gefühl!

Wer schiebt nicht gerne mal das eine oder andere vor sich her? Natürlich haben wir die besten Ausreden – pardon – Begründungen dafür, und es ist ganz klar, dass wir es ja EIGENTLICH WIRKLICH heute anpacken wollten. Aber LEIDER kamen da unvorhersehbare, WICHTIGE andere Dinge dazwischen, und außerdem waren die Rahmenbedingungen auch nicht optimal – und dafür können wir ja auch nichts. Aber seien wir mal ehrlich: Sie fühlt sich nicht so klasse an, diese Aufschieberei, oder? Etwas anzupacken und hinterher das Ergebnis zu sehen – das fühlt sich dagegen verdammt gut an!

Nutzen Sie die Gelegenheit: Knöpfen Sie sich einen Ihrer Pläne vor und fangen Sie WIRKLICH an. Und zwar mit dem ersten Mini-Schritt. Setzen Sie sich dafür zunächst einen überschaubaren Zeitrahmen, etwa so: »Ich stecke heute zehn Minuten in mein Vorhaben.« Auch in zehn Minuten können Sie die ersten wichtigen Schritte angehen. Rufen Sie jemanden an, recherchieren Sie oder stellen Sie einen Zeitplan auf – was auch immer. Machen Sie nur so viel, wie Sie können und wollen.

> **Machen Sie nur so viel, wie Sie können und wollen.**

Aber welches Vorhaben setzen Sie um? Prüfen Sie hierzu Ihre Pläne auf Herz und Nieren. Stellen Sie sich folgende Fragen:

~ Warum ist mir mein Vorhaben so wichtig? Wofür ist es sinnvoll?

~ Was würde passieren, wenn ich es einfach sein ließe?

~ Und wie wird es sich wohl anfühlen, wenn ich es erledigt habe und endlich abhaken kann?

Wenn Sie jetzt immer noch von Ihrem Vorhaben überzeugt sind, dann treffen Sie die Entscheidung, dass Sie es nun wirklich angehen und beginnen Sie noch heute mit dem ersten kleinen Schritt.

FRUSTIKUS: Also, jetzt muss ich mich mal wieder einmischen!

MOTIVIAN: Ja klar, nur zu!

FRUSTIKUS: Das ist doch nur ein fieser Trick! Ich weiß genau, bei den zehn Minuten bleibt es ja nicht – und dann ist schon wieder eine Stunde oder mehr vorbei.

MOTIVIAN: Gut, dass du das sagst! Denn genau das soll nicht passieren! Denn dann halten wir uns ja nicht an die Vereinbarung, die wir mit uns selbst getroffen haben.

FRUSTIKUS: Das heißt, wir hören dann wirklich nach zehn Minuten auf?

MOTIVIAN: Unbedingt! Am besten stellen wir uns einen Wecker, und wenn der klingelt, hören wir gleich auf.

»Für den Fleißigen hat die Woche sieben Heute, für den Faulen sieben Morgen.«

DEUTSCHES SPRICHWORT

FRUSTIKUS: Aber in zehn Minuten kriegen wir doch nichts geschafft, das bringt doch nix!

MOTIVIAN: Es spricht ja auch nichts dagegen, sich 30 Minuten dranzusetzen. Wichtig ist nur, dass wir in der vereinbarten Zeit wirklich nichts anderes machen und dann nach 30 Minuten wirklich wieder aufhören. Es sollte nur ein Zeitrahmen sein, der uns nicht abschreckt. Das ist wichtig.

FRUSTIKUS: Das klingt fair.

MOTIVIAN: Ja, und so schaffen wir Schritt für Schritt tatsächlich, was wir uns vornehmen.

 **Jetzt motivier' ich mich selbst:**
Mein Vorhaben:

_____

Wofür ist es sinnvoll? Welchen Nutzen bringt es mir?

_____

Was passiert, wenn ich es einfach streiche und niemals umsetze?

_____

Mein erster Mini-Schritt zur Umsetzung dieses Vorhabens:

_____

Mein Zeitrahmen:

_____

Was genau tue ich in dieser Zeit:

_____

(45) Gut sein (vor allem zu sich selbst)!
**Schenken Sie Ihren eigenen Bedürfnissen und Interessen Aufmerksamkeit –
und seien Sie freundlich zu sich!**

Erleben Sie auch manchmal Situationen, in denen Sie sich unter Druck fühlen, ge-
hetzt, leer gepumpt, einfach alle? Oder Phasen, in denen andere Menschen Sie nur
noch nerven, wo Sie angespannt sind und etwas tun, wozu Sie eigentlich keine Lust
haben? Phasen, in denen Sie sich fremdgesteuert fühlen, eine Leere verspüren oder
einen Mangel an irgendetwas? Damit sind Sie nicht alleine. Fast jeder von uns erlebt
das irgendwann. Die gute Nachricht: Wir können etwas dagegen tun.

Erster Schritt: Machen Sie sich klar, dass ganz allein
Sie dafür verantwortlich sind, wie es Ihnen geht. SIE
bewerten Situationen oder Menschen und lassen
sich durch diese Einschätzungen runterziehen oder
ärgern. Anders ausgedrückt: Sie können nicht alle Er-
eignisse in Ihrem Leben kontrollieren. Aber es liegt in
Ihrer Macht, zu bestimmen, wie Sie über diese Ereig-
nisse denken, welche Gefühle sie in Ihnen auslösen und
wie Sie mit ihnen umgehen. Das gibt Ihnen viel Freiheit,
aber gleichzeitig auch eine große Verantwortung.

Es ist leicht, andere Menschen für seine eigene Ge-
fühlslage verantwortlich zu machen. Es ist auch leicht,
von anderen zu erwarten, dass sie für unser Wohl sorgen sollen. Doch so legen Sie Ihr Glück in die Hände
anderer – und das geht nicht lange gut. Glücklicher sind

Sie, wenn Sie selbst die volle Verantwortung für sich und Ihr Wohlbefinden übernehmen. Um das zu erreichen, können Sie immer wieder innehalten und sich fragen, was Sie sich in diesem Moment Gutes tun können. Was brauchen Sie gerade, damit es Ihnen besser geht? Was können Sie im Kontakt mit anderen Menschen für sich tun, damit Sie sich wohler fühlen? Vielleicht werden Ihre Mitmenschen am Anfang etwas verwundert sein. Vielleicht verstehen sie zuerst nicht, warum Sie sich beispielsweise manchmal zurückziehen Doch wenn Sie ab und zu eine Viertelstunde für sich brauchen, um wieder mit sich und der Welt ins Reine zu kommen, dann werden Ihre Freunde und Kollegen das bald akzeptieren. Schließlich profitieren Ihre Mitmenschen auch davon, wenn Sie gut für sich sorgen und ausgeglichener sind. Achten Sie also auf Ihre Bedürfnisse!

Viele Menschen tun das Gegenteil: Sie unterdrücken ihre Bedürfnisse – und werden dadurch müde, kraftlos, unglücklich oder gar krank. Diese Menschen denken, sie müssten sich anderen immer unterordnen. Aber letztlich kostet dieses Unterdrücken der eigenen Bedürfnisse immer mehr Kraft. Und die fehlt den Betroffenen dann, um auch anderen Menschen etwas zu geben.

Was kann ich in diesem Moment tun, damit es mir ein klein wenig besser geht?

Nichtsdestoweniger: Natürlich gibt es auch Zeiten, in denen wir uns bewusst dafür entscheiden, die eigenen Bedürfnisse für eine gewisse Zeit zurückzustellen – zum Beispiel, wenn Eltern nach der Geburt eines Kindes rund um die Uhr für das neue Familienmitglied da sind. Doch selbst dann ist es wichtig, Raum für die eigenen Interessen und Bedürfnisse zu schaffen. Niemand möchte später von den Eltern zu hören bekommen, worauf sie seinetwegen alles verzichtet haben!

Grundsätzlich ist es doch so: Ab einem bestimmten Alter müssen wir auf uns selbst achten, weil es niemand anders mehr für uns übernimmt. Das klingt banal, aber viele Menschen vergessen es. Also: Achten Sie gut auf sich! Denn wenn SIE gesund und glücklich sind, können Sie sich auch kraftvoll und aufmerksam für Ihre Mitmenschen einsetzen. Daher heißt es bei den Sicherheitsanweisungen im Flugzeug auch immer: Setzen Sie bei einem Druckabfall in der Kabine zuerst sich selbst die Sauerstoffmaske auf und helfen Sie erst dann Kindern und anderen Mitreisenden. In diesem Sinn: Achten Sie ganz besonders auf Ihre eigenen Bedürfnisse und Interessen!

»Ganz schön egoistisch!«, denken Sie jetzt vielleicht. Deswegen will ich den Unterschied zwischen »Egoismus« und »Eigeninteresse« verdeutlichen: Eigeninteresse meint die Verantwortung, sich um sich selbst zu kümmern, weil man weiß, dass man es wert ist. Wenn Sie Eigeninteresse praktizieren, können Sie Ihre eigenen Bedürfnisse erfüllen und gleichzeitig aufrichtiges Interesse am Wohlergehen anderer Menschen zeigen. Und wenn Sie merken, dass die Bedürfnisse eines Mitmenschen gerade wichtiger sind als Ihre eigenen, können sie diese bewusst für eine Zeit zurückstellen. Egoistische Menschen hingegen denken NUR an ihre eignen Bedürfnisse

»Je süßer ich zu mir selber bin, desto seltener bin ich sauer: auf mich selbst und die anderen.«

SPENCER JOHNSON (*1940), MOTIVATIONSEXPERTE

und vergessen dabei die Bedürfnisse anderer oder schaden ihnen sogar. Dem Egoisten geht es ausschließlich darum, zu bekommen, was er will. Das hat mit Eigeninteresse nichts zu tun.

So sorgen Sie dafür, dass Ihre Bedürfnisse nicht untergehen: Stellen Sie sich fünf Mal am Tag die Frage: Was kann ich in diesem Moment tun, damit es mir ein klein wenig besser geht?

Schon Kleinigkeiten können wahre Wunder wirken: Vielleicht wollen Sie mal kurz aufstehen und sich bewegen? Sich ein Getränk holen? Das Fenster öffnen? Das unangenehme Gespräch höflich beenden?

Es darf aber natürlich auch gerne etwas mehr sein! Was tut Ihrem Körper gut? Was tut Ihrer Seele gut, Ihrem Geist? Hören Sie auf Ihr Inneres. Wonach sehnen Sie sich? Worauf haben Sie Lust? Was würden Sie gerne für sich tun? Ein kleiner Spaziergang? Musik in Ruhe genießen? In einer ruhigen Ecke entspannt ein leckeres Heißgetränk schlürfen? In Ihrem Lieblingsbuch schmökern? Sich mit einem lieben Menschen treffen?

Gönnen Sie sich etwas Gutes! Und zwar nicht, um sich für etwas zu belohnen, sondern einfach nur, weil Sie sind, was Sie sind. Und genießen Sie es mit allen Sinnen und mit aller Aufmerksamkeit – so werden auch kurze Momente besonders wertvoll. Je aufmerksamer Sie zu sich selbst sind, desto weniger Grund haben Sie, sich über andere zu ärgern und desto entspannter und liebenswürdiger werden Sie. SIE SELBST sind für Ihr Wohlbefinden verantwortlich – nicht die anderen.

Jetzt motivier' ich mich selbst:

Situationen, in denen ich noch bewusster auf meine Bedürfnisse achten und für mein Wohlbefinden sorgen kann:

_____

_____

Das tut meinem Körper gut: _____

Das tut meiner Seele gut: _____

Das gönne ich mir diese Woche: _____

(46) Ab in die Mitte

Zentrieren Sie sich ganz bewusst, sobald Sie unter Druck geraten!

Wir alle stehen manchmal neben uns: Plötzlich steigt unsere Betriebstemperatur, wir fühlen uns unter Druck und sind gestresst.

Kurz: Wir verlieren unsere innere Mitte – manchmal auch so ein bisschen den Verstand.

Inspiriert von dem NLP-Trainer und Autor Robert Dilts möchte ich Ihnen heute vier Schritte vorstellen, mit denen Sie Ihre Mitte wiederfinden:

1. Schritt: Slow down.

   Auf gut Deutsch: Machen Sie langsam, kommen Sie runter, schalten Sie um auf den »Zeitlupen-Modus«. Oder wie der Coach Tom Andreas sagt: »Mooooooment!«

2. Schritt: Pause.

   Halten Sie inne, drücken Sie die Pausetaste, stoppen Sie den Film.

140

3. Schritt: Atmen.

Ihre Atmung ist vollkommen real und gegenwärtig und hilft Ihnen, Abstand zur aktuellen Situation zu gewinnen. Richten Sie Ihre Aufmerksamkeit auf Ihre Atmung. Nehmen Sie einen langen und tiefen Atemzug. Atmen Sie lange und intensiv wieder aus und lassen Sie dabei die Spannung aus sich herausfließen. Atmen Sie ein paar Mal auf diese Weise ganz bewusst ein und aus.

> Ihre Atmung ist vollkommen real und gegenwärtig und hilft Ihnen, Abstand zur aktuellen Situation zu gewinnen.

4. Schritt: Zentrieren.

Konzentrieren Sie sich auf Ihre körperliche und geistige Mitte. Nehmen Sie dafür zunächst den Kontakt zwischen Ihren Fußsohlen und dem Boden wahr. Spüren Sie, wie der Boden Ihr ganzes Gewicht trägt. Richten Sie dann Ihren Körper auf und fokussieren Sie Ihren Geist auf etwas, das Sie positiv beeinflusst und Ihnen Kraft gibt. Denken Sie zum Beispiel an einen tiefblauen, klaren Bergsee.

Und nach diesen vier Schritten tun Sie ganz bewusst das, was Sie brauchen, um die Situation zu meistern. Lenken Sie dabei Ihre Aufmerksamkeit weiter auf Ihr inneres Zentrum. Bleiben Sie ganz bei sich. Und sollten Sie Ihre innere Mitte wieder verlieren, gehen Sie die vier Schritte noch mal durch.

Jetzt motivier' ich mich selbst:

Was mich aus meiner Mitte bringt:

_____

Gedanken, die mir helfen, mich wieder auf meine Mitte zu konzentrieren:

_____

(47) Die »Ja, genau«-Haltung
Nehmen Sie Angebote an und machen Sie das Beste daraus!

Damit meine ich natürlich nicht die tollen Sonderangebote im Supermarkt. Nein, es geht um Ideen und Vorschläge. Wenn Menschen eine Idee hören, die nicht ihren Vorstellungen entspricht, sagen sie Sätze wie: »Das ist eine gute Idee, ABER …«, dafür haben wir keine Zeit, kein Geld, kein irgendwas. Das »Aber« erstickt die Idee im Keim – und leider auch die Motivation, weitere Ideen zu entwickeln. Spätestens nach dem dritten »Aber« ist die Luft dann völlig raus, und wir resignieren.

»Nehmen Sie die Menschen, wie sie sind. Andere gibt's nicht.«

KONRAD ADENAUER,
ERSTER DEUTSCHER
BUNDESKANZLER (1876-1967)

Ein anderes Beispiel: Wir schlagen vor, mal was Neues auszuprobieren und persisch essen zu gehen. Darauf erwidert unser Partner: »Können wir ja gerne irgendwann mal machen, ABER heute lass uns lieber zu unserem Lieblingsitaliener gehen.« Solche »Abers« können uns die Lust an Vorschlägen für Neues, für Alternativen, gründlich verderben.

Dabei ist es doch so: Das Leben wirft uns immer wieder Bälle zu. Und statt »Ja, aber ...« zu denken oder zu sagen, können wir die Bälle auffangen und das Beste daraus machen.

Statt »Ja, aber ...« zu denken oder zu sagen, können wir die Bälle auffangen und das Beste daraus machen.

Nehmen Sie deswegen besser eine »Ja, genau!«-Haltung ein und lassen Sie sich von den Angeboten Ihrer Mitmenschen inspirieren. Haben Sie den Mut, Ihre Gewohnheiten und Ihre eigenen Ideen mal loszulassen. So werden Sie flexibler und spontaner und bringen frischen Wind in Ihr Leben.

Wenn Ihnen also jemand einen Vorschlag macht, sagen Sie einfach mal: »Ja, genau!« und überlegen Sie sofort gemeinsam, wie Sie die Idee am besten umsetzen könnten. Seien Sie gespannt, was Sie mit dieser »Ja, genau«-Haltung alles erleben werden ...

FRUSTIKUS: JA, aber das ABER ist doch GENAU mein WORT! Ich mag es, weil ich damit meine Kritik so herrlich einleiten kann.

MOTIVIAN: Ja, genau! Und darum geht es! Lass deine kritischen Kommentare einfach mal weg und lass dich lieber auf was Neues ein.

FRUSTIKUS: Aber …

MOTIVIAN: Hey, hallo!!!

FRUSTIKUS: Ojeee … Ja, genau! Ich lass mich auf was Neues ein, was dann vollkommen bescheuert ist.

MOTIVIAN: Woher willst du das wissen, solange du es nicht ausprobiert hast? Geht es dir vielleicht einfach darum, dass du dich sicherer fühlst, wenn alles nach deiner Nase ist?

»I am here, I am open, I am aware.«

ROBERT DILTS,
COACH UND AUTOR

FRUSTIKUS: Na klar! Da weiß ich, was mich erwartet!

MOTIVIAN: Also erwarte öfter mal das Unerwartete und sei gespannt auf die neuen Erfahrungen!

FRUSTIKUS: Ist das hier ein Selbsterfahrungs-Buch oder ein Selbstmotivations-Buch?

MOTIVIAN: Du willst wissen, was das »Ja, genau!« mit Selbstmotivation zu tun hat?

FRUSTIKUS: Ja, genau!

MOTIVIAN: Wenn wir uns vielleicht gerade an etwas ransetzen, das wir schon länger vor uns herschieben, dann kommst du immer daher mit deinem: »Keine schlechte Idee, jetzt mal anzufangen, aber eigentlich bin ich schon ganz schön müde!« Oder: »Toll, dass wir uns endlich an den Ablageberg machen wollen, aber wir haben doch eh nur noch eine halbe Stunde, und die Blumen müssen wir auch dringend gießen.« Oder: »Aber das kann ja auch noch bis morgen warten«. Damit bremst du unsere Handlungsenergie total aus! Ich gebe Gas, und du ziehst die Bremse! So kommen wir nie voran!

FRUSTIKUS: Verstehe. Ich werde mich bemühen, mit »Ja, genau!« auch mit aufs Gas zu treten.

MOTIVIAN: Das freut mich! Was sagst du also, wenn ich sage »So, wir haben noch 30 Minuten Zeit, da fangen wir schnell noch mit der Ablage an«?

FRUSTIKUS: Ja, genau, dann haben wir wenigstens schon mal angefangen und morgen weniger zu tun.

MOTIVIAN: Damit kann ich arbeiten!

Jetzt motivier' ich mich selbst:
Auf diese Angebote habe ich mich dieses Woche mit »Ja, genau!« eingelassen:

_____

_____

Meine Erfahrungen und Erlebnisse:

_____

_____

(48) Heilung für die Aufschieberitis

Tun Sie, was Sie sich vorgenommen haben – und zwar Schritt für Schritt!

Sind Sie auch so kreativ, wenn es darum geht, Dinge aufzuschieben, die Sie doch eigentlich machen wollen? Es gibt ja schließlich immer etwas Besseres zu tun: Tatsächlich gibt es so viel Angenehmes zu tun, dass wir Unangenehmes lange vor uns herschieben können. Zum Beispiel die Steuererklärung, die Hausarbeit für die Uni, die Ablage oder das Kellerausmisten.

Wenn Sie Schluss machen möchten mit dem Aufschieben und die Dinge endlich anpacken wollen, helfen Ihnen folgende acht Tipps:

1. Schluss mit der Alles-oder-Nichts-Haltung. Auch ein kleiner Erfolg, ein kleiner Schritt, ist ein guter Anfang. Nehmen Sie sich nicht gleich die ganze Steuererklärung vor, sondern suchen Sie erst mal alle Belege zusammen. Gehen Sie Schritt für Schritt vor.

2. Führen Sie ein Aktivitäten-Buch. Hier tragen Sie alles ein, womit Sie sich von dem ablenken, was Sie eigentlich tun wollen. Nehmen Sie sich diese Aktivitäten vor und beantworten Sie zu jeder die folgenden vier Fragen:

~ Was war mir dabei wichtig?

_____

_____

~ Was war für andere wichtig?

_____

_____

~ Auf welche Aktivitäten hätte ich verzichten können?

_____

_____

~ Wobei habe ich zu viel Zeit verbraucht?

_____

_____

Übrigens: Irgendwann sind Sie dieses Protokollieren so leid, dass Sie lieber gleich ans Werk gehen.

3. Machen Sie sich den Sinn bewusst. Wofür ist es wichtig, das zu tun, was Sie tun wollen? Es gibt drei Möglichkeiten der Sinn-Erfahrung:

> a) Sich der Tätigkeit selbst hingeben.
>
> b) Für andere da sein.
>
> c) In einer Situation, die wir nicht verändern können, eine neue Einstellung gewinnen. Beispiel: Ein Kunde nervt sie am Telefon? Sehen Sie das Gespräch als Chance, Ihre Geduld zu trainieren.
>
> Denken Sie daran: Sinn motiviert!

> *»Man merkt nie, was schon getan wurde, man sieht immer nur, was noch zu tun bleibt.«*
>
> MARIE CURIE (1867-1934), PHYSIKERIN UND NOBEL-PREISTRÄGERIN

4. Verteilen Sie die Arbeit gleichmäßig. Denken Sie auch an Pausen und an ausreichend Schlaf.

5. Planen Sie mindestens einen freien Tag in der Woche ein – lassen Sie also zum Beispiel sonntags die Finger von der Steuererklärung und genießen Sie Ihre freie Zeit.

6. Beginnen Sie mit Ihrer Arbeit zu einem festgelegten Zeitpunkt. Gute Laune und Lust dürfen nicht die Voraussetzungen für den Arbeitsbeginn sein.

7. Setzen Sie Prioritäten. Was ist dringend und wichtig? Das Führen einer täglichen To-do-Liste hilft, Aufschieben zu vermeiden. Getane Arbeit streichen Sie auf der To-do-Liste.

8. Nehmen Sie sich immer eins nach dem anderen vor.

Jetzt motivier' ich mich selbst:

Das packe ich jetzt an:

_____

Dafür ist das wichtig:

_____

Mein erster Schritt:

_____

Ich beginne am: _____, um _____ Uhr.

(49) Heiter scheitern

Sie haben einen Fehler gemacht? Es gibt nur einen Fehler: liegen bleiben, statt wieder aufzustehen. Also seien Sie heiter und machen Sie den E.R.P.E.L.!

Wenn wir immer nur bemüht sind, Fehler zu vermeiden, legt unser Denken irgendwann einen Schalter um. Und zwar vom kreativ-mutigen Förderungs-Modus auf den vorsichtig-ängstlichen Verhinderungs-Modus.

Theoretisch wissen wir: Fehler sind wichtig, um zu lernen und voranzukommen. Und dennoch scheuen wir uns vor dem Misslingen und seinen Folgen. Wir lassen uns davon sogar unsere Stimmung vermiesen. Mein Vorschlag: Nehmen Sie Fehler in Kauf. Lernen Sie nicht nur daraus, sondern bleiben Sie dabei auch gut drauf!

Kurz: Scheitern Sie heiter!

Dies ist übrigens auch eine der wichtigsten Regeln im Improvisations-Theater. Hier scheitern die Darsteller auf der Bühne immer wieder und haben auch noch richtig Spaß dabei. Das Scheitern gehört einfach dazu, denn schließlich gibt es keinen Text, keine Regie und keinen Plan. Die Szenen entstehen aus dem Moment heraus und die

> Nehmen Sie Fehler in Kauf. Lernen Sie nicht nur daraus, sondern bleiben Sie dabei auch gut drauf!

Spieler lassen sich mit einer »Ja, genau-Haltung« mutig und kreativ auf das ein, was gerade da ist. Natürlich setzen sie auch mal Szenen in den Sand. Glauben Sie, die Schauspieler könnten in der nächsten Szene noch Spaß haben, wenn sie nicht heiter blieben?

>>*Fehler machen klug, drum ist einer nicht genug!*<<
SPRICHWORT

Ich selbst bin beim Improvisations-Theater häufig heiter gescheitert und habe daraus viel für mein Leben gelernt. Übrigens: Im Wort »Scheitern« steckt das »heiter« ja schon drin!

Gehen Sie klug mit Fehlern um, indem Sie den E.R.P.E.L. machen. Gehen Sie nach einem Misserfolg diese Schritte durch:

Erlaubnis: Sie dürfen Fehler machen!
Rekonstruktion: Was genau lief schief?
Perspektive: Lassen Sie den Erpel fliegen und betrachten Sie sich und Ihren Fehler aus der Vogelperspektive. Welchen Stellenwert hat dieser Fehler für Ihr Leben? Ist Ihre Existenz bedroht?
Erneuter Anlauf: Versuchen Sie es noch mal – aber anders.
Lernfortschritt wahrnehmen: Was ging jetzt besser? Wie erfolgreich waren Sie jetzt? Und während Sie den E.R.P.E.L. machen, bleiben Sie heiter und atmen locker durch die Knie. Wenn's hilft quaken Sie ruhig ein bisschen …

 **Jetzt motivier' ich mich selbst:**
Das habe ich diese Woche durch Fehler gelernt:

_____

_____

(50) Ja, ich will!

Halten Sie durch, wenn Sie etwas angefangen haben – mit Willenskraft und einem Motiv!

Leichter geschrieben als getan? Das mag stimmen: Am Anfang ist die Begeisterung oft groß, und dann nimmt unsere Energie, unser Engagement, irgendwie ab. Treten auch noch Schwierigkeiten auf, werfen manche das Handtuch. Die Frage lautet: Was brauchen Sie, damit Sie durchhalten? Damit Sie nicht gleich bei den ersten Steinen im Weg stehen bleiben und Ihr Vorhaben aufgeben, von dem Sie doch mal so begeistert waren: Sie brauchen Willenskraft und ein Motiv.

Willenskraft bedeutet, dass Sie nicht mehr an dem zweifeln, was Sie sich fest vorgenommen haben. Kurz: Sie sind entschlossen! Wenn Sie sich für etwas entschieden haben, dann hinterfragen Sie nicht mehr, ob die Entscheidung richtig war, sondern machen Sie sich klar, dass diese Frage jetzt gar nicht mehr zur Debatte steht.

> Wenn Sie sich für etwas entschieden haben, dann hinterfragen Sie nicht mehr, ob die Entscheidung richtig war, sondern machen Sie sich klar, dass diese Frage jetzt gar nicht mehr zur Debatte steht.

Denn Sie haben sich bereits gründlich Gedanken gemacht und sich entschieden. Also: nicht denken, einfach tun! Stehen Sie zu Ihrer Entscheidung! Manchmal ist es sinnvoll, die Entscheidung zu korrigieren, aber das Fundament des Entschlusses bleibt. Denn SIE haben sich nach reiflicher Überlegung dazu entschlossen. Und nur mit dieser Entschlossenheit werden Sie Dinge vollbringen, die Sie sich vorgenommen haben.

Auch die Willenskraft selbst ist eine reine Entscheidungssache. SIE entscheiden sich, den Willen aufzubringen, durchzuhalten, weiterzumachen. Und Sie sorgen dafür, dass Sie es mit aller Kraft durchführen. Wille und Kraft – also Willens-kraft.

Fehlt nur noch die Motivation: Und die gewinnen Sie, wenn Sie sich immer wieder verdeutlichen, WOFÜR Sie sich das vorgenommen haben. Was war Ihr ursprüngliches Motiv? Was ist der Nutzen, was der Sinn Ihres Vorhabens? Gerade auf Durststrecken ist es wichtig, sich immer wieder sein Motiv, seinen BEWEG-Grund bewusst zu machen. Dadurch gewinnen Sie die Motivation, durchzuhalten.

FRUSTIKUS: Einspruch! Also bisher habe ich ja immer mit mir reden lassen und auch eingesehen, dass deine Ideen nützlich sind. Aber das geht jetzt zu weit! Das ist mein Spielfeld! Und es ist meine Pflicht, Vorhaben zu hinterfragen! Das lasse ich mir nicht nehmen! Und es ist doch auch so: Wir können einfach NICHTS zu einem erfolgreichen Ende bringen! Wir können einfach nicht dranbleiben und es durchziehen. Wir geben immer wieder auf, brechen ab, wenden uns Neuem zu. Das ist sowas von inkonsequent!

MOTIVIAN: Okay, okay … Das sind jetzt zwei verschiedene Paar Schuhe, von denen du sprichst. Das eine: Du meinst, es sei deine Pflicht, Vorhaben zu hinterfragen. Und das andere: Du behauptest, dass wir NICHTS erfolgreich zu Ende gebracht haben. Wirklich GAR NICHTS? Haben wir IMMER aufgegeben?

FRUSTIKUS: Ja, ja … Jetzt geht das wieder los … Verallgemeinerungen … ist schon gut. Also: nicht »GAR NICHTS«, sondern »WENIG« und nicht IMMER, sondern »OFT«.

MOTIVIAN: Du meinst also, dass wir nur wenige Vorhaben erfolgreich zu Ende bringen und oft aufgeben.

FRUSTIKUS: Ja doch! Du bist aber auch kleinkariert!

MOTIVIAN: Mir ist einfach nur wichtig, dass du weißt, dass du mit solchen Formulierungen Frust erzeugst. Und das ist nicht sehr hilfreich für unsere Motivation. Was könnte uns denn helfen, öfter etwas zu vollenden und dranzubleiben?

FRUSTIKUS: Es sollten vernünftige, also sinnvolle Vorhaben sein. Und sie sollten auch machbar sein. Erinnerst du dich daran, dass wir unbedingt jonglieren lernen wollten?

MOTIVIAN: Das wollen wir doch immer noch!

FRUSTIKUS: Das ist vollkommen unsinnig!

MOTIVIAN: Überhaupt nicht! Jonglieren ist ganz hervorragend für Körper und Gehirn, für die Konzentration, es macht den Kopf frei …

FRUSTIKUS: Schluss damit! Wie lange versuchen wir jetzt schon, diese drei Bälle länger als eine Runde in der Luft zu halten?

MOTIVIAN: Seit etwa sechs Monaten?

FRUSTIKUS: Eben! Unsinn! Wir kommen nicht voran, weil wir uns einfach nicht die Zeit zum Üben nehmen. Wir treten auf der Stelle. Auch wenn es noch so toll wäre, jonglieren zu können, wir bleiben nicht dran – also Schluss damit! Dieses Vorhaben beenden wir nicht.

MOTIVIAN: Gut, ich gebe zu, es ist schon sinnvoll, dass du unsere Vorhaben immer mal wieder hinterfragst. Wenn wir nicht mehr jonglieren lernen wollen, haben wir mehr Zeit für die Ukulele und die Slackline.

> *Die Freiheit des Menschen liegt nicht darin, dass er tun kann, was er will, sondern darin, dass er nicht tun muss, was er nicht will.*«
>
> JEAN-JACQUES ROUSSEAU
> (1712-1778)

FRUSTIKUS: Also, du kannst dir sicher sein, dass ich DIESE Vorhaben auch noch mal kritisch hinterfrage. Von deren Sinn bin ich nämlich auch noch nicht überzeugt.

MOTIVIAN: Ich weiß, was uns dabei helfen wird, an diesen Vorhaben dranzubleiben, so dass du gar nicht erst kritisch hinterfragen musst.

FRUSTIKUS: Na, da bin ich aber gespannt!

MOTIVIAN: Wir schreiben auf, warum es uns so wichtig ist, über die Slackline zu gehen und warum wir Ukulele spielen wollen.

FRUSTIKUS: Und warum?

MOTIVIAN: Na, weil die Slackline toll ist, um an der frischen Luft seine Balance und jeden einzelnen Muskel zu trainieren, und weil es ein super Mentaltraining ist.

Und die Ukulele entspannt uns, und wir können unser musikalisches Bedürfnis leben.

FRUSTIKUS: Und du meinst, nur weil wir unsere Motive aufschreiben, bleiben wir dran?

MOTIVIAN: Und wir erzählen unseren Freunden davon und bitten sie, uns immer wieder zu fragen, welche Fortschritte wir machen. Das hilft uns auch. Schließlich sprechen wir ja gerne von unseren Fortschritten, für die wir dann natürlich auch was tun müssen. Und dann brauchen wir auch noch einen Plan und einen Notfallplan.

FRUSTIKUS: Was soll das denn sein?

MOTIVIAN: Wir planen, wie viel Zeit pro Woche wir in diese Vorhaben investieren wollen, und der Notfallplan tritt ein, wenn wir den Plan nicht einhalten konnten.

FRUSTIKUS: Und wie sieht dieser Notfallplan aus?

MOTIVIAN: Wir besinnen uns darauf, warum es uns so wichtig ist und stellen ein Minimalprogramm auf, das sich zeitlich noch irgendwo reinschieben lässt.
Zum Beispiel: Wir schnappen uns die Ukulele wenigstens für drei Minuten und spielen den Song einmal durch. Drei Minuten sind immer drin.

FRUSTIKUS: Na, gut. Und wenn das dann auch nix nutzt, dann hinterfrage ich unser Vorhaben!

MOTIVIAN: Einverstanden.

 **Jetzt motivier' ich mich selbst:**
Was haben Sie sich vorgenommen, wobei wollen Sie am Ball bleiben?

Was war Ihr ursprüngliches Motiv?

_____

_____

Was ist der Nutzen, was der Sinn Ihres Vorhabens?

_____

_____

Ihr Notfallplan:

_____

_____

Vorsicht Falle!

Es kursieren einige populäre Irrtümer über Motivation, die ich hier aus dem Weg räumen möchte, damit Sie sich das Leben und die Motivation leichter machen können:

1. Motivations-Irrtum: Die einen sind einfach motiviert, die anderen nicht.

   Diesem Glaubenssatz liegt die Annahme zugrunde, Motivation sei eine Eigenschaft, ja sogar Teil des Charakters oder der Persönlichkeit. Das stimmt nicht.

   Motivation ist eine Entscheidung. Eine Entscheidung in Bezug auf Ihre Wahrnehmung, Ihre Gedanken und Ihr Handeln.

   Eine Entscheidung, die nur Sie allein treffen können. Verstecken Sie sich also nicht hinter angeblichen Gegebenheiten, die keine sind.

2. Motivations-Irrtum: Ich habe einfach keine Disziplin.

   Dieser Gedanke wirkt wie eine sich selbst erfüllende Prophezeiung. Je öfter Sie ihn wiederholen, desto mehr glauben Sie daran. Fest steht: Dieses Selbstbild führt dazu, dass Sie sich immer weniger vornehmen. Doch schauen Sie nur mal genauer hin: Fast alle Menschen sind in irgendeinem Lebensbereich höchst diszipliniert – und in anderen weniger. Jeder hat also die FÄHIGKEIT zur Disziplin und Motivation. Sie wissen, wie das geht! Nun müssen Sie beides nur noch auf die Lebensbereiche anwenden, in denen Sie es bisher wenig Gebrauch davon gemacht haben. Übernehmen Sie hier Ihre Art, wahrzunehmen (wo ist Ihr Fokus?), zu denken (wie denken Sie?) und zu handeln (wie handeln Sie?), wenn Sie diszipliniert und motiviert sind.

3. Motivations-Irrtum: Mit Positiv-Motivation erreiche ich alles.

   Es reicht nicht aus, sich nur positiv zu motivieren. Wenn sich die Menschen wirklich allein dadurch motivieren könnten, dass sie sich vor Augen führen, wie gut es ihrem Körper und Geist tut, regelmäßig Sport zu treiben, dann hätten wir keine übergewichtigen und viel mehr gesunde Menschen auf unserem schönen Planten. Doch die Realität sieht anders aus. Denn unser Motivationssystem ist bipolar. Unser Verhalten wird von zwei Anreizen gesteuert:

Erster Anreiz: Weg vom Schmerz. Also weg von allem, was unser Leben erschwert oder bedroht. Dieser Pol ist zuständig für die Negativ-Motivation: Sie tun etwas, weil Sie etwas Unangenehmes vermeiden möchten.

Zweiter Anreiz: Hin zur Lust und zum Vergnügen. Also hin zu allem, was der Selbst- und Arterhaltung dient. Dieser Pol ist zuständig für die Positiv-Motivation: Sie tun etwas, weil Sie etwas Positives erreichen möchten.

Dieses bipolare Programm ist bei allen Menschen dasselbe. Der einzige wesentliche Unterschied besteht darin, was jeder Einzelne als Pein oder Lust empfindet. Und jetzt aufgepasst: Da unser Gehirn in aller erster Linie lebenserhaltend arbeitet, tut es viel mehr, um Schmerz zu vermeiden, als um Lust zu gewinnen. Das bedeutet: Die Negativ-Motivation treibt uns mehr an als die Positiv-Motivation. Die Kunst besteht also darin, die beiden Pole im richtigen Verhältnis zueinander auszurichten!

Motivation ist eine Entscheidung. Eine Entscheidung in Bezug auf Ihre Wahrnehmung, Ihre Gedanken und Ihr Handeln.

Ein Beispiel:

Nehmen wir an, Sie haben sich vorgenommen, regelmäßig joggen zu gehen. Sie versprechen sich davon folgende Vorteile: Sie bekommen eine bessere Figur, fühlen sich wohler in Ihrem Körper, stärken Ihr Immunsystem, fördern Ihre mentale Ausgeglichenheit, haben eine gesündere Gesichtsfarbe, bessere Laune und, und, und … Es ist die Aussicht auf Freude, die Sie motiviert. Schauen wir uns jetzt die Aussicht auf das Leid an, das Sie erwartet, wenn Sie Ihr Vorhaben nicht umsetzen, also nicht joggen gehen: Ihre Figur wird zunehmend schlaffer und dicker, Sie fühlen sich immer weniger wohl in Ihrer eigenen Haut, Sie können Ihr Spiegelbild kaum mehr ertragen. Ihr Arzt betrachtet Ihren körperlichen Zustand mit Sorge. Sie schnaufen schon bei ein paar Treppen, weil Ihre Kondition immer schwächer wird. Sie fühlen sich kraftlos. Und so weiter …

Und jetzt überlegen Sie mal: Was motiviert Sie mehr? Welches der beiden Bilder hat Sie gerade mehr angetrieben? Bei welchem hatten Sie mehr Emotionen?

Wenn Sie sich motivieren wollen, dann halten Sie sich also nicht nur die Vorteile Ihres gewünschten Verhaltens vor Augen, sondern auch die Nachteile Ihres unterlassenen Verhaltens. Je deutlicher und schlimmer Sie sich die Situation ausmalen, die eintritt, wenn Sie Ihr Vorhaben nicht umsetzen, desto mehr Antrieb beziehen Sie aus der Negativ-Motivation.

Denken Sie mal nach: Hängt mancher Teil Ihrer Unzufriedenheit vielleicht damit zusammen, dass Sie Motivations-Irrtümern zum Opfer gefallen sind und falsche Erwartungen an sich selbst stellen? Dass Sie meinen, die anderen seien immer viel motivierter und disziplinierter als Sie? Verabschieden Sie sich davon! Denn solches Denken schadet Ihrem Selbstwertgefühl. Und ein positiver Zugang zu Ihrer eigenen Person ist eine der wichtigsten Voraussetzungen dafür, dass Sie mit viel Energie und Motivation durch Ihr Leben gehen. Welche Chancen geben Sie sich selbst, sich zu verändern?

EXTRA: Mehr Motivation im Job!

Jeder Dritte ist mit seinem Job unzufrieden und 33 Prozent der Deutschen bewerten ihren Arbeitsplatz als »schlecht«. Das ist das Ergebnis des Index zur Arbeitszufriedenheit des Deutschen Gewerkschaftsbundes. Besonders negativ sehen die Arbeitnehmer die Höhe ihres Einkommens und fehlende Aufstiegsmöglichkeiten. Als »relativ gut« hingegen wird die Kollegialität bewertet. Die Antworten auf Fragen nach dem Sinngehalt der Arbeit fallen ebenfalls positiv aus.

Was sagt uns das? Nun, Sie wissen bereits: Eine der wichtigsten Voraussetzungen für Motivation ist der Sinn. Wenn Sie in Ihrer Arbeit keinen Sinn sehen, ist es vorbei mit der Motivation. Insofern freut es mich doch sehr, zu lesen, dass diese wichtige Motivationsgrundlage bei vielen Arbeitnehmern schon mal gegeben ist. Sie sehen einen Sinn in ihrer Arbeit. Und dennoch sind sehr viele unzufrieden.

Wenn wir unzufrieden sind mit unserem Job, liegt es oft daran, dass wir nicht nach unseren Werten leben. Wir haben uns am Anfang dieses Buches ausführlich mit Werten beschäftigt. Prüfen Sie also, inwiefern Sie in Ihrem Job Ihre Werte leben können.

Ein Beispiel für Unzufriedenheit im Job, weil man nicht nach seinen Werten lebt: Wer seine Arbeit als ein einziges Muss, als ein notwendiges Übel betrachtet, um Geld zu verdienen, bedient zwar das Streben nach dem Wert GELD, lässt aber wahrscheinlich andere sehr wichtige Werte darunter leiden – etwa den Wert EHRLICHKEIT, weil es in dem Job vielleicht darum geht, nicht immer die ganze Wahrheit zu sagen, oder den Wert PERSÖNLICHE ENTWICKLUNG, weil es ein Routinejob ist, der einen schon lange nicht mehr fordert.

Abgesehen von einer Aufstellung Ihrer Werte-Hierarchie (siehe Seite 22) gibt es noch eine andere Methode, die aufzeigt, welche Werte bei Ihnen Priorität haben. Sie ist zwar nicht so umfassend, ermöglicht aber einen ersten Schritt in die richtige Richtung. Es handelt sich um ein Gedankenspiel.

Fragen Sie sich: Was könnte dazu führen, dass ich von mir aus schlagartig eine große Veränderung vornähme?

Zum Beispiel: Was müsste in Ihrer Firma oder Ihrer Abteilung passieren, damit Sie sofort die Kündigung einreichen? Wenn Ihnen ein Grund einfällt, fragen Sie sich als nächstes, welcher Wert dahintersteht. Auf diese Weise kommen Sie mit Krisenszenarien Ihren Werten auf die Spur. Und anschließend fragen Sie sich, was Sie tun können, um Ihre Werte im Job besser zu leben.

Was motiviert Sie, zur Arbeit zu gehen?

»Selbstmotivation« heißt nicht, sich mit einem lauten »Tschaka!« auf anstehende Aufgaben zu stürzen. Sie bedeutet vielmehr: Aufgaben, die man sonst gerne mal liegen lässt, bewusster und mit positiven, frischen Gedanken anzugehen. Und Selbstmotivation bedeutet nicht, immer und an allen Tagen motiviert zu sein. Es ist ganz natürlich, dass es Arbeiten gibt, die einem mehr Spaß bringen und besser liegen als andere.

Die entscheidende Frage: WAS motiviert Sie eigentlich, zur Arbeit zu gehen? Warum bleiben Sie nicht einfach zu Hause? Ihre Motive können ganz unterschiedlich sein:

~ Sie wollen Ihren Lebensunterhalt verdienen.
~ Sie wollen Ihren Job nicht verlieren.
~ Sie sind nicht gerne allein zu Hause, ziehen es vor, Ihre Kollegen zu sehen.
~ Sie wollen Ihre Kollegen nicht im Stich lassen.
~ Sie wollen Ihren Lebensstil aufrechterhalten oder gar verbessern.
~ Sie haben Spaß an Ihrer Arbeit.
~ Sie können sich in Ihrem Job verwirklichen.

Und? Bei welchem Motiv haben Sie gerade innerlich genickt?

Vielleicht haben Sie auch noch andere Motive?

Erinnern Sie sich an eine Situation, in der Sie in Ihrem Job hochmotiviert, richtig gut und mit sich selbst sehr zufrieden waren. Führen Sie sich diese Erinnerung so lebendig wie möglich vor Augen.

~ Wen oder was sehen und hören Sie?

~ Was sagen Sie zu sich selbst in dieser Situation?

~ Welche entscheidenden Momente gab es?

~ Welche Körperhaltung hatten Sie eingenommen?

~ Was strahlten Sie aus?

Wenn Sie die Situation ganz lebendig vor Ihrem inneren Auge haben, analysieren Sie sie: Was hat Sie in dieser Situation angetrieben? Was hat Sie motiviert?

~ Motivierte Sie ein Vorbild? Dachten Sie: »Was der kann, kann ich auch!«?

~ War es die Aussicht auf eine bessere Zukunft?

~ War es die Identifikation mit der Aufgabe, weil es etwas Sinnvolles oder Wertvolles war?

~ War es eine Wettkampfsituation? Vielleicht auch der Wunsch, sich selbst zu übertreffen?

~ War es das Gefühl, sich selbst zu verwirklichen und zu tun, was Sie gut können?

~ War es die Verantwortung, die Sie für sich übernehmen konnten? Das Gefühl, HerrIn des Geschehens zu sein?

~ Oder waren es Ihr Team und das gemeinsame Arbeiten?

~ Vielleicht motivierte Sie auch die Anerkennung, die Sie während oder nach Ihrer Leistung von anderen bekamen. Oder war es Ihnen wichtig, sich selbst etwas zu beweisen?

~ Vielleicht motivierte Sie auch eine innere Stimme, die sagte: »Jetzt erst recht!«. Dann war wahrscheinlich die Herausforderung an sich ein starker Motivator.

Welche Motivatoren haben Sie in Ihrer Situation am stärksten angespornt?

Wenn Sie hierauf eine Antwort gefunden haben, können Sie sich fragen, ob diese Motivationsfaktoren für Sie vielleicht grundsätzlich wichtig sind. So kann es beispielsweise sein, dass Sie generell sehr motiviert sind, wenn es darum geht, eine anspruchsvolle Aufgabe zu bewältigen. Oder es ist die Aussicht auf Anerkennung, die Ihnen Flügel verleiht. Wenn Sie hier ein Muster erkennen, sind Sie einen wichtigen Schritt weiter,

159

denn dann kennen Sie Ihre individuellen Motivationsknöpfe. Drücken Sie diese – und gestalten Sie Ihren Arbeitsalltag so, dass Ihre Hauptmotivatoren möglichst oft aktiviert werden!

Ein Beispiel: Sie empfinden eine bestimmte Tätigkeit als langweilig. Wenn Sie jetzt immer nur die Langeweile im Fokus haben, nützt das weder Ihrer Stimmung noch Ihrer Motivation.

Fünf Wege zu weniger Langeweile durch einen neuen Fokus:

1. Lenken Sie Ihren Fokus auf den Fortschritt der Arbeit und machen Sie diesen sichtbar. Zum Beispiel durch das Abhaken und Durchstreichen von Punkten auf Ihrer To-do-Liste.
2. Betrachten Sie Ihre Arbeit als eine Trainingschance, bei der Sie Ihre Geduld und Ihr Durchhaltevermögen üben können. Das ist immer nützlich im Leben.
3. Lenken Sie Ihren Fokus auf die netten Kollegen.
4. Denken Sie an das Geld, das Sie mit dieser Arbeit verdienen und daran, welche Möglichkeiten Ihnen dieses Geld eröffnet.
5. Suchen Sie nach drei Tätigkeiten, die noch langweiliger sind.

Wählen Sie also einen anderen Fokus, eine neue Perspektive, um Ihre Motivation zu verbessern.

Wenn Sie lieben, was Sie tun, müssen Sie nie wieder arbeiten

Arbeiten Sie, um zu leben, oder leben Sie, um zu arbeiten? Wie wäre es mit: Sie leben, während Sie arbeiten?

Wir verbringen einen großen Teil unseres Lebens mit unserer Arbeit. Sie ist ein wichtiger Teil unseres Daseins. Deswegen sollte sie uns erfüllen und Freude bereiten. Vielleicht nicht immer und nicht jeden Tag gleich viel – aber unter dem Strich sollte es so sein. Also, legen Sie mal die Karten auf den Tisch: Wie viel Freude empfinden Sie in Ihrem Job?

Bewerten Sie den Grad Ihrer derzeitigen Zufriedenheit im Beruf auf einer Skala von 1 bis 10.

Beantworten Sie nun folgende Fragen:

~ Welche Ursachen sehen Sie für Ihre derzeitige Zufriedenheit oder Unzufriedenheit?

~ Was müsste sich ändern, was müsste passieren, um den Grad Ihrer Zufriedenheit (noch weiter) zu erhöhen?

~ Was können Sie selbst beeinflussen, und wie sieht der erste Schritt aus?

~ In welchen Punkten kann Sie Ihre Führungskraft unterstützen, um ein motivierendes Umfeld für Sie zu schaffen? Sprechen Sie mit ihr oder ihm darüber!

Wenn Sie lieben, was Sie tun, dann tun Sie das, was Sie tun mit Hingabe und Begeisterung. Doch bitte geben Sie nicht deshalb Ihr Bestes, weil Sie andere beeindrucken wollen, sondern weil Sie auf diese Weise mehr Freude an Ihrer Arbeit haben.

Ein paar Tipps, wie das am besten funktioniert:

~ Erfreuen Sie sich an Details in Ihrer Arbeit.

~ Machen Sie sich den Sinn Ihrer Arbeit bewusst: Wozu ist das gut?

~ Überlegen Sie: Welchem höheren Ziel dient Ihre Arbeit?

~ Konzentrieren Sie sich auf das gute Gefühl, wenn etwas erledigt ist.

~ Tun Sie immer etwas mehr als das, wofür Sie bezahlt werden.

~ Werden Sie kontinuierlich besser.

~ Haben Sie Ihren Job vielleicht mal mit Begeisterung und Hingabe gemacht? Erinnern Sie sich an Ihre ersten Arbeitstage in diesem Job!

~ Was hat Sie damals begeistert? Was hat Ihnen Spaß gemacht?

~ Welche Ideen hatten Sie damals?

Wenn wir Freude empfinden bei an dem, was wir tun, dann sind wir glücklicher, haben mehr Erfolg und verdienen meistens auch mehr Geld. Also bitte entscheiden Sie sich dafür, Ihre Arbeit gern zu tun!

> *»Arbeit ist sichtbar gemachte Liebe.«*
> KHALIL GIBRAN (1883-1931), MALER, PHILOSOPH UND DICHTER

Das gilt selbst dann, wenn Sie Ihr Job eigentlich nicht mehr erfüllt. Machen Sie immer das Beste aus der Situation. Gleichzeitig können Sie den Wechsel zu Ihrem Traumjob planen. Zum Beispiel, indem Sie Fortbildungen besuchen und neue Ziele entwickeln. Das sollten Sie sogar: Denn langfristig werden Sie sich nur erfüllt fühlen, wenn Sie einen Beruf ausüben, der Ihre Berufung ist.

161

Gedanken-Übung: Malen Sie sich doch mal Ihren Traumjob aus! Lehnen Sie sich einen Moment zurück, entspannen Sie sich, schließen Sie Ihre Augen und stellen Sie sich Ihren perfekten Arbeitstag vor …

~ Wann beginnt er?
~ Wie beginnt er?
~ Was tun Sie zuerst?
~ Mit wem sind Sie in Kontakt?
~ Wo sind Sie?
~ Was tun Sie alles?
~ Wie gestalten Sie Ihre Pausen?
~ Wie ist Ihr Tagesablauf?
~ Wann machen Sie Feierabend?
~ Mit welchem Gefühl gehen Sie nach Hause?

Überlegen Sie dann, wie Sie diesen »perfekten Tag« so gut wie möglich in die Realität umsetzen können. Was können Sie tun? Was sollten Sie nicht mehr tun?

Scheitern gehört dazu

Jeder von uns kennt Situationen, in denen es an der Motivation hapert. Sie sind nicht allein. Halten Sie sich das ruhig manchmal vor Augen. Oft fühlen wir uns schon ein bisschen besser, wenn wir wissen, dass wir nicht als Einzige immer wieder an den eigenen Erwartungen scheitern. Wir nehmen uns etwas vor, wollen etwas anfangen, beenden oder verändern, doch dann bleibt doch alles wie es ist – und wir suchen unsere Motivation.

Warum wollen wir überhaupt etwas Neues beginnen, etwas Altes beenden oder etwas Gewohntes verändern? Meistens, weil wir meinen, es würde unser Leben verbessern. Wir glauben, wir würden glücklicher, zufriedener oder erfolgreicher. In jedem Fall aber ahnen wir: Da geht mehr.

Bevor wir diesen Gedanken fassen, haben wir uns meistens über uns selbst geärgert – und wollen uns nun ändern. Das Erstaunliche: Obwohl wir wissen, dass es gut für uns wäre, fällt uns das Anfangen schwer. Und das, obwohl es so viele Bücher zum Thema »Selbstmotivation« gibt. Vielleicht denken Sie auch nach diesem Buch: Was die Fritze kann, kann ich doch auch! Sie krempeln die Ärmel hoch … und trotzdem klappt es wieder nicht!

Verflixt noch mal! Nun wollen Sie schon an Ihrer Motivation arbeiten – und dann schaffen Sie es einfach nicht? Veränderungen sind für uns alle eine Herausforderung. Sie kosten jeden Tag Energie und Aufmerksamkeit, die wir erst einmal aufbringen müssen. Währenddessen empfinden viele Menschen, was der Schriftsteller Ödön von Horváth so schön auf den Punkt gebracht hat: »Eigentlich bin ich ganz anders, ich komme nur so selten dazu.« Dass die eigenen Pläne nicht mit leichter Hand verwirklicht werden können, gehört dazu.

Das Schlimmste, was Sie angesichts von Rückschlägen tun können ist, zu resignieren. Zu denken: »Ich hab einfach zu wenig Disziplin ...«, »Mein Wille ist nicht stark genug ...« oder gar: »Ich kann das eben nicht!«. Diese Selbstzweifel sind alles andere als nützlich. Sie sind der Motivations-Killer Nummer eins. Statt an sich zu zweifeln, fragen Sie sich lieber immer wieder, was Sie tun können, um Ihre Motivation zu steigern. Lassen Sie sich auch von anderen inspirieren, aber bedenken Sie: Was bei dem einen funktioniert, muss bei Ihnen noch lange nicht auch klappen. Jeder hat seine individuelle Art, sich zu motivieren. Schauen Sie also nicht so sehr auf andere. Schauen Sie mehr auf sich. Denn wer kennt Sie besser als Sie selbst?

Deshalb wissen auch nur SIE ganz genau, welche meiner Tipps in diesem Buch für Sie funktionieren. Finden Sie heraus, an welchem Zahnrad Sie am leichtesten drehen können, um Ihr System in Schwung zu bringen.

Ist es die Wahrnehmung, sind es die Gedanken oder das Handeln? Welches Zahnrad auch immer Sie bewegen, und sei es nur ein wenig – es hat immer Auswirkungen auf das Gesamtsystem, und ein Veränderungsprozess beginnt. Damit es Ihnen leichter fällt, die Tipps umzusetzen, finden Sie am Ende dieses Buches kleine Merk-Zettel zum Ausschneiden. Diese »Erinnerungsstützen« können Sie anpinnen, ankleben oder irgendwo hinstecken, wo Sie sie immer wieder sehen. So führen Ihnen die Zettel ständig vor Augen, was Sie realisieren wollen und sorgen dafür, dass Sie Ihren Fokus auf Ihre Wahrnehmung, Ihre Gedanken und Ihr Handeln lenken. So gelingt es Ihnen viel leichter, zu tun, was Sie sich vorgenommen haben. Bitte gehen Sie pro Tag oder pro Woche immer nur EINEN Tipp an, denn sonst verzetteln Sie sich mit Ihrer Aufmerksamkeit. Vielleicht möchten Sie einen der kleinen Zettel auch einem Freund, einer Kollegin oder einem Verwandten »im Motivationsloch« schenken, um die betreffende Person ein wenig anzustupsen?

Und sollte es Ihnen trotz allem nicht gelingen, umzusetzen, was Sie sich vorgenommen haben, denken Sie daran: Scheitern Sie heiter! Und machen Sie den E.R.P.E.L. (siehe Seite 148)!

> Finden Sie heraus, an welchem Zahnrad Sie am leichtesten drehen können, um Ihr System in Schwung zu bringen.

War's das?

FRUSTIKUS: Das hat mir gerade gut gefallen. Scheitern gehört dazu. Das nimmt den Druck, dass jetzt alles anders und besser werden muss.

MOTIVIAN: Oh, bloß nicht!

FRUSTIKUS: Ha! Du redest ja schon wie ich! Deine Antwort erstaunt mich ehrlich gesagt.

MOTIVIAN: Ich meine damit, dass Druck nicht motiviert. Es geht doch darum, dass …

FRUSTIKUS: Jaaaa, ich hab's ja verstanden. Schritt für Schritt und nicht alles auf einmal. Man beginnt mit einer kleinen Veränderung in der Wahrnehmung, im Denken oder im Verhalten, und das hat Auswirkungen auf das ganze System …

MOTIVIAN: Ha! Und du redest jetzt wie ich! Das freut mich!

FRUSTIKUS: Nicht zu viel freuen! Mein Name ist immer noch Frustikus, und ich habe nach wie vor das Recht, in diesem Kopf meine Stimme zu erheben.

MOTIVIAN: Das Recht möchte ich dir ja auch gar nicht nehmen! Im Gegenteil: Wir haben doch auch an der einen oder anderen Stelle gemerkt, dass es gut und wichtig ist, wenn du dich einbringst.

FRUSTIKUS: Danke, dass ich das jetzt auch schriftlich habe. Und ich möchte noch mal betonen: Mir geht so eine »Die-Welt-ist-so-schön-und-alles-ist-sooo-positiv«-Haltung echt gegen den Strich.

MOTIVIAN: Auch das hast du jetzt schriftlich: Es ist absolut in Ordnung, mies drauf zu sein, sich unter der Decke zu verkriechen und keinen Bock auf irgendetwas zu haben – WENN es meine Entscheidung ist, das einfach mal zuzulassen und ich keinem damit schade. Licht und Schatten gehören zusammen. Und es ist wichtig, sich den Unterschied immer mal wieder bewusst zu machen, damit man das Licht auch wieder zu schätzen weiß.

FRUSTIKUS: Aber???

MOTIVIAN: Kein »aber«!

FRUSTIKUS: Na, da fehlt doch noch was!

MOTIVIAN: Du hast recht: Ich kann mich dafür entscheiden, auch mal das Grau in der Welt zu sehen, wenn ich weiß, wie ich wieder einen Farbfilm einlege.

FRUSTIKUS: Und auch dafür entscheidest du dich dann ganz bewusst, indem du etwas an deiner Wahrnehmung, deinem Denken oder deinem Verhalten veränderst.

MOTIVIAN: So ist es! Motivation ist eine Entscheidung, die jeder nur für sich selbst treffen kann.

FRUSTIKUS: Also: Motivier dich selbst, sonst KANN's ja keiner?

MOTIVIAN: Ja, genau!

FRUSTIKUS: Alles klar. Dann war's das.

Zum Schluss

Wissen ist nicht der Schlüssel zur Veränderung – sondern die Wahrnehmung, das Denken und das Handeln!

Merk-Zettel

(1) Ohne Brille besser sehen
Achten Sie darauf, wann Sie Fakten wahrnehmen und wann Sie interpretieren

(2) Mitmenschen in Lernpartner verwandeln
Rücken Sie Ihre Freunde, Verwandten und Kollegen in ein besonders gutes Licht und lernen Sie von ihnen!

(3) Die Glückslupe
Schenken Sie Ihren glücklichen Momenten besonders viel Aufmerksamkeit – auch den kleinen!

(4) Meditieren mit (und ohne) Ommm
Konzentrieren Sie sich auf Ihr Tun – und lassen Sie sich dabei nicht von Gedanken oder Körperempfindungen ablenken!

Ommmm

(5) Raus aus der Problemschleife
Konzentrieren Sie sich konsequent auf Lösungen und lassen Sie sich nicht von Schwierigkeiten lähmen!

(6) Auf ins Morgen-Land
Nehmen Sie unangenehme Situationen aus einem Blickwinkel der Zukunft wahr!

(7) Jetzt! Geht's! Los!
Leben Sie ganz bewusst im gegenwärtigen Moment – und das mit Leib und Seele!

(8) Wenn Wunder wirken
Sehen Sie wieder mit den Augen eines Kindes und entdecken Sie die Wunder dieser Welt!

(9) Wut ist gut
Richten Sie Ihre Aufmerksamkeit auf die Energie Ihrer Unzufriedenheit – und nutzen Sie sie!

(10) Erfolge feiern, wie sie eintreffen
Nehmen Sie jeden Ihrer Fortschritte wahr – und sei er noch so klein!

(11) Immer der Sehnsucht nach
Nehmen Sie wahr, was es in Ihrem Leben alles an Gutem gibt – und sorgen Sie für Nachschub!

(12) Den inneren Superhelden wecken
Tauschen Sie in schwierigen Situationen die Rolle – und gewinnen Sie Abstand

(13) Verzeihung, kennen wir uns?
Betrachten Sie Freunde, Verwandte und Kollegen mit den Augen einer anderen Person!

(14) Würdigen statt würgen
Erkennen Sie an, dass Menschen – im Rahmen ihrer Möglichkeiten – immer ihr Bestes geben!

(15) Je fremder, desto besser
Interessieren Sie sich für andere Meinungen und Verhaltensweisen!

(16) Gut gesagt
Setzen Sie bewusst eine positive Ausdrucksweise ein – und verbessern Sie so Ihr Leben!

(17) Sich keinen (fremden) Kopf machen
Finden Sie heraus, in wessen Angelegenheiten Sie sich einmischen – und lassen Sie diese hinter sich!

(18) Zeit für den Soll-Bruch
Erleichtern Sie Ihr Leben, indem Sie überlegen, was Sie wirklich tun sollten – und was nicht!

(19) Gedanken-Jonglage
Glauben Sie Ihren Gedanken nicht immer! Denken Sie doch mal das Gegenteil!

(20) Ziele loslassen
(um sie zu erreichen)

(21) Bitte wenden
Nehmen Sie Krisen zum Anlass, die Richtung zu ändern!

(22) Aus »oje« wird jetzt »aha«
Seien Sie neugierig und freuen Sie sich auf Unerwartetes!

(23) Nie wieder nie
Entlarven Sie Verallgemeinerungen – bei anderen und bei sich selbst!

(24) Noch und nöcher: Noch
Sagen und denken Sie öfter mal dieses kleine Zauberwort – und tanken Sie neuen Mut!

(25) Im Zweifel für den Zweifel
Hinterfragen Sie, was Sie für wahr halten!

(26) Alternativen-Entdecker werden
Sie haben immer die Wahl – also entdecken Sie mehr Alternativen!

(27) Bloß keine Sorge!
Machen Sie sich keinen Kummer – handeln Sie lieber!

(28) Schlimmer geht's immer
Vergrößern Sie Ihre Probleme, um Lösungen zu finden!

(29) Im Lösen liegt die Lösung
Denken Sie nicht in Problemen, sondern in Lösungen – und laden Sie auch andere dazu ein!

(30) Müssen ist kein Muss
Ersetzen Sie jedes »Müssen« durch ein »Können«, »Wollen« oder »Dürfen« – beim Sprechen und in Gedanken!

(31) Was geht?
Besinnen Sie sich auf das, was Sie tun können! (Es gibt immer etwas!)

(32) Tun kommt von Sein
Erkennen Sie Ihre einschränkenden Glaubenssätze – und formulieren Sie diese um!

(33) Es geht auch anders – man muss es nur machen!
Ändern Sie Ihre schlechten Gewohnheiten, anstatt sich darüber zu ärgern!

(34) Ernte Dank
Sagen Sie Ihren Mitmenschen öfter mal »Danke« – und freuen Sie sich über die Wirkung!

(35) Trainieren statt ärgern
Suchen Sie im Alltag nach Chancen, sich zu verbessern – und (fast) alles wird gut!

(36) Die Dosis macht's
Stellen Sie sich Herausforderungen, die Ihren Möglichkeiten entsprechen – und vermeiden Sie Unter- und Überforderung!

(37) Willkommen in der Stretchingzone!
Lassen Sie Ihre Routinen Routinen sein – und haben Sie Mut zu Neuem!

(38) Den Alltag beschwingen
Bewegen Sie Ihren Körper– wann und wo immer es geht!

(39) Eigenlob stimmt
Sehen Sie Ihre Erfolge – und klopfen Sie sich auf die Schulter!

(40) Vom Ja-Sagen zum Nein-Sagen
Lehnen Sie ab, was Sie nicht tun wollen – wenn der Preis für Sie akzeptabel ist!

(41) Die dickste Kröte zuerst!
Beginnen Sie Ihren Tag mit der unangenehmsten Aufgabe – und freuen Sie sich auf den Rest!

(42) Bumerang des Guten
Geben Sie mehr, als Sie nehmen – und Sie bekommen, was Sie brauchen!

(43) »Man« über Bord
Stellen Sie klar, wer was tun soll, stehen Sie zu dem, was Sie sagen und verstecken Sie sich nicht hinter einem »Man«!

(44) Mit kleinen Schritten zu großen Sprüngen
Beginnen Sie mit Mini-Schritten und behalten Sie immer ein gutes Gefühl!

(45) Gut sein (vor allem zu sich selbst)!
Schenken Sie Ihren eigenen Bedürfnissen und Interessen Aufmerksamkeit – und seien Sie freundlich zu sich!

(46) Ab in die Mitte
Zentrieren Sie sich ganz bewusst, sobald Sie unter Druck geraten!

(47) Die »Ja, genau«-Haltung
Nehmen Sie Angebote an und machen Sie das Beste daraus!

(48) Heilung für die Aufschieberitis
Tun Sie, was Sie sich vorgenommen haben – und zwar Schritt für Schritt!

(49) Heiter scheitern
Sie haben einen Fehler gemacht? Es gibt nur einen Fehler: liegen bleiben, statt wieder aufzustehen. Also seien Sie heiter und machen Sie den E.R.P.E.L.!

(50) Ja, ich will!
Halten Sie durch, wenn Sie etwas angefangen haben – mit Willenskraft und einem Motiv!

IMPRESSUM

Projektleitung Andrei-Sorin Teusianu

Redaktion David Mayer

Korrektorat Claudia Fritzsche

Satz/DTP atelier luk, Büro für Gestaltung, Tilman Leher

Illustrationen Fabian und Christian Jeremies GbR, Münster

Umschlagsgestaltung *zeichenpool, München, unter Verwendung
eines Fotos von Tibor Unger

Bildredaktion Annette Mayer

Herstellung Reinhard Soll

Druck und Bindung
Alcione, Lavis
Printed in Italy

ISBN: 978-3-517-08844-0
817 2635 4453 6271

FSC
www.fsc.org
MIX
Papier aus ver-
antwortungsvollen
Quellen
FSC® C021956

Das für dieses Buch
verwendete FSC®-
zertifizierte Papier
LuxoArt Samt liefert
Papyrus,
Deutschland.